安濃 豊

アジアを解放した大東亜戦争

連合軍は東亜大陸では惨敗していた

展転社

はじめに

大東亜戦争とは人種戦争であると同時に宗教戦争でもあった。単純化するなら、人種的には白人対有色人種の戦いであり、宗教的にはキリスト教対神道・ヒンズー教・イスラム教・仏教合同軍との戦いであった。戦後の日本に蔓延った〝敗戦侵略ヒステリー〟は日本共産党、NHK、東大左翼歴史閥、GHQにより、基礎が築かれた。

昭和超帝による終戦の詔書とは、より正確に記すなら、その意味するところは「終核戦争」のための終戦であった。終戦の詔書で陛下は次のように述べられている。

「敵は新たに残虐な爆弾（原爆）を使用して、しきりに無実の人々までをも殺傷しており、惨澹たる被害がどこまで及ぶのか予測できないまでにいたった。なのに戦争を継続するならば、ついには我が民族の滅亡を招くだけでなく、ひいては人類の文明をも破滅しかねないであろう。このようなことでは私は一体どうやって多くの愛すべき国民を守り、代々の天皇の御霊に謝罪したら良いと言うのか。これこそが、私が日本国政府に対し共同宣言を受諾するよう下命するにいたった理由である」。

また、大東亜戦争は植民地解放戦争であったとも述べられている。

「私は日本と共に終始東アジア諸国の解放に協力してくれた同盟諸国に対しては遺憾の意を表せざるを得ない。残虐なる核兵器を使用する戦争を続けるなら人類文明が破却するゆえ、戦争を終わらせる」と記してある。これほどの慈悲に満ちた決断はあるまい。この決断こそ、八紘一宇の粋であろう。なぜなら、昭和超帝は〝敗戦の将〟の汚名を着せられても、「人類を核による絶滅から救う」と述べられているからである。昭和超帝による核撲滅宣言は戦後に生かされ、長崎以降核兵器は使用されていない。

このように、崇高なる八紘一宇という神勅国是の発露に対して、ＧＨＱと共産党は、大日本帝国が人類を救うためにあえて降伏の道を選んだことを、人道上の「崇高なる慈悲」であると捉えることをせず、単なる勝敗戦における惨めな敗北であると歪曲し、「自分たちは真の勝者である」と強がり、見せかけの勝利を誇大化し、それを根拠に日本叩きをはじめた。

白人は植民地主義を正当化し、有色人種から生命とさまざまな富を収奪してきたが、次はその植民地を解放した日本人からプライドを収奪すること企んだ。そのために昭和超帝が行われた善意からの「負けた振り＝終核戦争＝終戦」を「侵略戦争をして敗戦国になった」という虚構の構図にすり替え、その虚構を嵩にかけ、日本人のプライド収奪をはじめたのだ。

欧米白人は、世界に植民地を広げてきた。最初はキリスト教の司祭が神の存在と倫理と道徳を説き、同時に現地をスパイするために訪ねてくる。司祭の状況報告に基づき、次は軍隊が来て、原住民が所持しない、製造もできない銃と大砲を使って武力制圧する。それと同時に、原住民が免疫を持たない病原菌をまき散らし、恣意的に虐殺を実行していく。中にはチフス患者が使用した毛布を原住民にプレゼントして村ごと全滅させる悪党もいた。

金銀を産出する地域では、採掘に原住民を奴隷として酷使し、金銀のない地域では原住民そのものを奴隷として売買する。欧米キリスト教徒はこのようにして世界に植民地を広げていったのである。

ロシア正教というキリスト教一派に染まるロシア白人も、シベリアへ東進する段階で、反抗するアジア系先住民を虐殺しながら支配を広げていった。シベリアの大地に埋まっているのはマンモスだけではない。先住民の骨も埋まっているのである。

植民地化の最終段階は民族としての誇りを喪失せしめ、その民族に対し劣等意識を持たせることである。要するに「自分たちは白人よりも下等であり、白人に逆らっても勝てっこない、殺されたくないから、白人に隷属しよう」と悟らせることにより、支配権を確立するわけである。人種的劣等感を植えつけることができれば、植民地化と奴隷化は完成する。

ＧＨＱは同様の手法を日本人に対しても適用した。それがＷＧＩＰ（ウォー・ギルド・インフォメーション・プログラム）である。ＷＧＩＰとは白人植民地主義者がアフリカや東南アジアで行って成功した手法を、白人以上に高度な文化・文明・宗教を持つ日本人に適用しようとした無謀かつ愚かな政策だった。その証拠に白人たちは現在、アニメや和食などの日本文化に染まり、逆に文化洗脳を受けている。文化というものは水と同じで、高いところから低いところへ流れるものである。

日本人を土人扱いすることを前提としたＷＧＩＰによる洗脳は、日本共産党、ＮＨＫ、東大左翼歴史閥、戦犯指定を恐れるマスコミ各社によって支持された。

戦前は非合法の存在であった共産党は、戦前の日本を全否定しないと自らの正当性を確保できない存在であり、戦前は開戦に慎重であった軍部を「弱腰東條、勝てる戦をなぜやらぬ」と煽ったという逸話が残る新聞各社、唯一の電波媒体であったＮＨＫは、戦犯訴追を逃れるため自らの煽り行為を隠蔽し、実は自分たちは反戦派であったと偽装した。そして、当然のごとくＷＧＩＰに協力した。

ＧＨＱがＷＧＩＰを強力に推し進めたのにはもう一つの理由が存在した。それは大東亜戦争中の各作戦において、総合的に考えるならば、連合国にとっては実質的に負け戦であったという現実を覆い隠すためである。

前述した通り、昭和超帝が終戦＝終核戦争を決められたのは、占領地と国土のほとんどを失い、抗戦力を失ったからではない。終戦当時、日本は東南アジア、支那大陸、満洲、台湾、樺太、千島列島を依然として確保しており、来たるべき米軍の本土上陸に備えて一万五千機の特攻機と各機が五回出撃できるだけの燃料を温存してあった（米国戦略爆撃調査団報告）。航空特攻のほかに、合わせて数千艘に上る小型発動挺と小型潜水挺による水上・水中特攻も準備されていた。また、当時の日本国内における戦闘可能兵員数は、陸軍軍人および軍属約三百十五万人、海軍軍人および軍属　約百五十万人、特殊警備隊の兵員約二十五万人、国民義勇戦闘隊約二千八百万人で、合計三千二百九十万人である。約三千三百万の〝イオージマ部隊〟に米軍は勝利できたであろうか？

一九四四年六月六日、フランス・ノルマンディー上陸作戦時の規模を考えれば、最大に見積もっても第一撃での米軍揚陸能力は兵員十五万にすぎない。この米軍に上記戦備を整える数百万の本土日本軍が殺到すれば、勝つ見込みなどあろうはずがない。そこで、日本本土上陸を放棄し、試しに原爆を使用したのである。

米国人は核爆弾の使用によって大日本帝国を降伏せしめた、これは米国民主主義の勝利であるなどと子供のようにはしゃいでいるが、実のところ、その勝利とは国際法に違反する兵器である核爆弾を民間人に使用するという汚点を、これ以上人類史に残させぬため、あえて昭和超帝が米国に与えた見せ掛けの勝利なのである。ボクシングの試合で、相手がグローブを投げ捨て、銃を持ち出して発砲したから、リング下の昭和超帝がタオルを投げ、試合を中止させたというのが真相である。そうしなければ、観客まで殺してしまうからである。

違法兵器である核兵器を使用した段階で、米国は通常戦争に敗北したことを自ら認めているのである。実際、東亜大陸と太平洋戦域における各作戦を分析してみると、米軍を主力とする連合国軍は惨敗している。特に東亜大陸における作戦で、米英支那軍は日本軍に対して敗北に敗北を重ねていた。開戦中に日本軍によって六ヶ国（ミャンマー、フィリピン、自由インド、ベトナム、ラオス、カンボジア）が独立宣言を行い、枢軸国から国家承認を得ていたという事実、また、インドネシアが日本軍治政下の昭和二十年八月十七日に旧宗主国のオランダに対し独立宣言を行ったという事実は、インドネシアを含む東南アジアにおいて連合国は惨敗していたという事実を物語っている。連合軍が強力な軍事力を有していたなら、たとえ一国といえども独立を許すはずはない。ましてや、無条件降伏したはずの軍隊が、現地人に独立宣言を促すなどあり得ない。無条件降伏を受け入れても負けていなかったという証である。

広大な米国植民地領土であったフィリピンでは、日本軍が降伏する昭和二十年九月二日まで、山岳地帯で激戦が続いていた。ということは、フィリピンにおいても米軍は終戦まで勝利していなかったということである。

米国は原爆使用以前の通常戦においては惨敗だった。惨敗でなかったら、植民地フィリピンが日本軍によって解放独立させられ、盟友であった大英帝国が消滅するはずもないし、同じく盟友であったフランスのインドシナ植民地が独立するはずもなく、支那が共産化するはずもなかったのである。

原爆の使用により連合国は勝利したと見られてきたが、実はこの勝利は大陸戦域における敗北に次ぐ敗北の末に、ルール違反の原爆投下により偶然手にした〝棚ぼた反則勝ち〟だったのである。この棚ぼた勝利は、連合国、特に米国にとっては気まずい勝利にすぎなかった。もし、二発の原爆投下で日本が降伏しなければ、自ら和平をお膳立てして、軍隊を米本土へ引き上げるしかないと米国は見込んでいたからだ。

米軍はペリリュー、硫黄島、沖縄の戦闘で見せつけられた日本軍の玉砕戦法に恐怖していた。南北二千キロ、その七十パーセントが山岳地帯の日本本土で三千参百万の日本人ゲリラ＝イオージマ部隊に勝つ自信などなかったからだ。

米国は困り果てた。まさか米国民に、ただの〝棚ぼた反則勝利〟であったなどとは口が裂けても言えない。なぜなら、その〝棚ぼた〟を得るために、すでに十六万人に上る兵士の命が失われ、その数倍の兵士と軍属が不虞となっていたからだ。

米国政府は一計を案じた。

このままでは、実は負けていたが、非人道兵器である原爆使用というルール違反に天皇がリングにタオルを投げた故の〝偽りの勝利〟じつは〝卑怯なる反則勝ち〟であったことが米国民にばれてしまうから「実際においても真の勝利者であった」と偽装することにしたのである。具体的なやり口は次の通りである。

一　負け戦ばかりで勝ち戦など一つもない東亜大陸での戦闘はなかったことにして、「勝ち戦ばかりだった」と、やり方によっては偽装可能な太平洋島嶼戦こそが主戦場であり、東亜大陸の戦は些末にすぎなかったことにした。

二　日本軍のほかに日本軍が育成した現地独立軍をも相手にするゆえ、勝ち目はないと判断し、東亜大陸で戦う盟邦である英軍に援軍を送らず、大英帝国を崩壊させたことを隠蔽した。

三　日本人を残虐なる戦犯とことさら強調することにより、東京空襲、広島長崎の原爆投下という自らの戦争犯罪を隠蔽した。

四　ポツダム宣言自体、連合国が自らに条件を課しており、無条件降伏ではないのに、あたかも無条件降伏であったかのように印象操作し、日米両国民を騙した。

五　暗号解読などほとんどできなかったのに、解読に成功したかのように偽装した。

六　ミッドウェーでは、残存空母の三隻のうち一隻を失い、続くガダルカナルでは残りの二隻を失い惨敗だったのに、圧倒的勝利であるかのように偽装した。

七　右記偽装を完璧とするため、東京裁判という〝原爆投下への免罪符製造直売所〟を開設し、猿芝居を実演し、WGIPという洗脳を日本国民にほどこした。

八　大東亜解放戦争を戦ったのは日本軍だけではなく、他のアジア諸国軍も日本軍と共に戦ったが、これを日本軍のみが戦ったことにして、日本軍のみによる侵略戦争であるかのごとく偽装した。

ほかにも米国・連合国による自分たちを強く見せるための〝勝った振り詐欺〟は枚挙にいとまがない。本書ではそれらの姑息なる偽装と捏っち上げを一つ一つ暴露していく。

米軍を中核とした連合国軍の負けっぷりを検証すると同時に、戦後に日本マスコミによって吹聴されてきた「連合軍最強伝説」について検証し直そうではないか。戦後七十四年間この国を支配した「連合軍最強伝説」がいかに虚飾に満ちたものであったのかを、日本人は改めて認識しなくてはならない。

アジアを解放した大東亜戦争◎目次

第三章　米国を強く見せるため戦後に捏造された虚構

装幀　古村奈々＋Zapping Studio
カバー写真　アジア歴史資料センター 公開／国立公文書館 所蔵
表１　ボルネオの子供の頭を優しくなでる日本の兵隊さん
『写真週報』２１３号（昭和十七年三月二十五日）より
表４　日本軍入城に安心した住民が街角に姿を見せるシンガポール
『写真週報』２５８号（昭和十八年二月十日）より

第一章　東亜植民地の解放は対日経済封鎖への対抗策

1　ルーズベルトの対日隔離演説と東京で起きる東亜解放論

ルーズベルトの〝隔離演説〟とは「支那へ侵攻している日本軍は泥棒であるからして、世界から孤立させ隔離しなくてはならない」という演説である。この時点ですでにルーズベルトは大日本帝国を悪党であると規定していた。ルーズベルトは自身が提唱したニューディール政策が経済効果を上げず、野党共和党の反対で行き詰まっていたゆえ、国外に活路を見いだそうとしていた。その行き詰まりに目をつけたのが蔣介石とその妻・宋美齢である。蔣介石は米国からの軍事経済支援を得るために妻をワシントンの社交界にデビューさせ、ルーズベルトを色香に巻いたのであった。もちろん、支那人の性《さが》とも言える〝贈賄〟を欠かすことはなかった。ルーズベルトとすれば蔣介石を助けて支那から日本を追い出せば、日本が持っていた支那利権を自分のものにでき、おまけに金と女もついてくるからだ。

一八九九年、米国はスペインに戦争を仕掛け、キューバとフィリピンを奪取した。ルーズベルトが日本を悪党呼ばわりする三十四年前、米国は日本以上の悪党を働いていたのである。

さらに五十年を遡ると、米国は米墨戦争でメキシコ領だった現在のカリフォルニア州、ネバダ州、ユタ州全域、アリゾナ州の主要部分、コロラド州の一部、ニューメキシコ州の一部、ワイオミング州の一部を窃盗していたのである。

侵略犯罪にまみれた米国大統領が、国際法に則って日本が獲得した権益を泥棒呼ばわりするなどということは、例えるなら、追い剥ぎ山賊の親分が真っ当な不動産業者を泥棒呼ばわりするようなものであり、天は罰を当てるに違いない。実際に数年後、蔣介石とルーズベルトは〝大東亜戦争〟という罰を当てられたのであった。

この〝隔離演説〟についてはウキィペディアが詳述しているので引用しておく。

1937年には最高裁改革の失敗や労働争議の頻発、景気後退、さらにはまたルーズベルトと同じ民主党の保守派議員が、ニューディール阻止の為に共和党との超党派ブロックを結成するなどして、ルーズベルトは孤立し、議会に対する影響力を低下させており、その様子はまるで「まったく棄てられた指導者」であったといわれる。

1937年8月30日、中華民国は国際連盟に対して、日本の行動は不戦条約および九ヶ国条約に違反すると主張し、措置を取るよう提訴した。9月6日にはルーズベルトは「世界の政府間の平和のためにアメリカが先頭に立って大掃除をする準備ができていることを公にする」とヘンリー・モーゲンソー財務長官とハル国務長官に語り、1937年（昭和12年）10月5日、世界で行われつつあるとする侵略行為を非難するために病人になぞらえて隔離演説（隔離声明、防疫演説）をシカゴで行った。

「世界の九割の人々の平和と自由、そして安全が、すべての国際的な秩序と法を破壊しようとしている残り一割の人々によって脅かされようとしている。不幸にも世界に無秩序という疫病が広がっているようである。身体を蝕む疫病が広がりだした場合、共同体は疫病の流行から共同体の健康を守るために病人を隔離することを認めている」

演説は直接には特定の国家を名指しすることはなかったものの、一般には従来の棍棒外交をあらためて否定し、ドイツやイタリア、日本などの国政実行を非難するルーズベルトの政策理念を表明する演説と考えられている。演説のなかでは「宣戦の布告も警告も、また正当な理由もなく婦女子をふくむ一般市民が、空中からの爆弾によって仮借なく殺戮されている戦慄すべき状態が現出している。このような好戦的傾向が漸次他国に蔓延するおそれがある。彼ら平和を愛好する国民の共同行動によって隔離されるべきである」とも語られた。なおハルの証言ではアメリカ国務省が作成した演説原案には〝隔離〟の部分はなく、演説直前にルーズベルト自身が入れた。

翌1938年10月6日には国務省声明を発表し、中華民国における日本の行為を、アメリカは九カ国条約とケロッグ‐ブリアン条約（パリ不戦条約）違反だとみなし、声明は国際連盟の決議に沿うものとして、日本を明確に名指した。ただし、その国際連盟にはアメリカ合衆国は加盟していなかった。

さて、ルーズベルトの隔離演説が行われていたころ、すなわち一九三八年、日本ではどのような動きがあったのであろうか。

戦後、日本マスコミが国民に吹き込んだ代表的な嘘に「アジアの独立は開戦後に姑息なる日本軍部が後づけしたものであり、もともと日本軍はアジアの解放独立など考えておらず、欧米植民地の横取りを意図していたにすぎない。たとえ開戦前にアジア解放を唱えていたとしても、それは欧米植民地を横取りするための方便であり言い訳であり建前にすぎない」というものがある。果たしてこれは本当なのだろうか。その答えは陸軍参謀本部作戦課長であった稲田正純大佐とミャンマー独立工作を目指した南機関の存在が答えてくれる。

以下、『國の防人　第十号』（展転社刊　令和元年六月二十日発行）掲載の拙論文「作戦課長稲田正純大佐の陰謀」と重複するが掲載しておく。

稲田正純大佐という豪傑

ここに手書きされた一片の外務省外交機密文書が存在する。日付けは昭和十三年六月二十日、発出された部署名は「第二課」としか記されていない。

文書の表には「極秘　三十部のうち五部」という判が押され、二ページ目（文書番号2042）に次のように書き込まれている。次に示す資料1と2は資料全十八葉のうち冒頭の資料二葉である。

其一　戦争指導に関する根本方針

一、本事変の本質及目的

本事変は消極的には満洲事変の終末戦たると共に積極的には東亜解放の序幕戦たるの意を有し皇国一貫の国是たる道義日本の確立と東洋文化の再建設との為歴史的一段階を劃《かく》すべきものなり。

支那事変について、アジア解放戦争開始の序幕戦とすべきであると言ってのけているのである。

昭和十二年七月七日に発生した盧溝橋事件をきっかけとして支那事変が勃発した。当初、日本側は戦線不拡大方針を採り、幾度も停戦協定を結んだのだが、支那軍による通州日本人虐殺事件（昭和十二年七月二十九日）、上海日本人租界包囲（八月十二日）、上海防衛日本海軍陸戦隊への攻撃（八月十三日）、上海日本人租界への砲爆撃開始などの軍事攻撃により和平への道はことごとく破られてしまった。この事実からして、蔣介石は前々から日本人排斥のもくろみを持っていたと思われる。蔣介石自身にすれば、アヘン戦争で科学力に優れた白人に蹂《じゅう》躙《りん》されたことはやむないとしても、同じアジア人であり、その中華思想から東夷として見下していた日本人が白人様と一緒になって支那の一部を占拠していることは許しがたい屈辱だったのである。

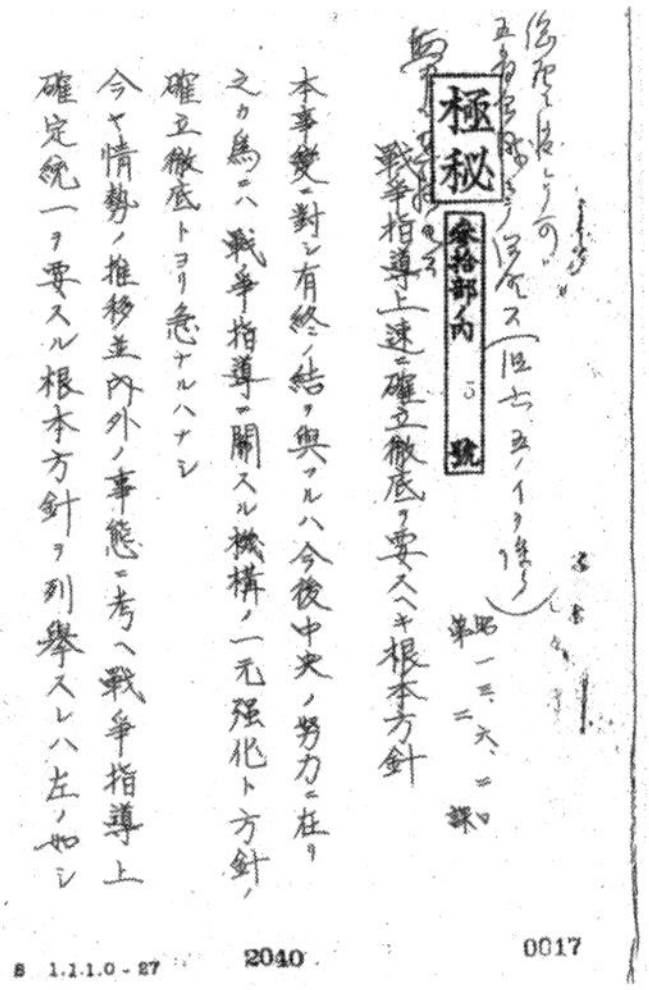
極秘
参謀部ノ内
戰爭指導上速ニ確立徹底ヲ要スヘキ根本方針
本事變ニ對シ有終ノ結ヲ與フルハ今後中央ノ努力ニ在リ
之カ爲ニハ戰爭指導ニ關スル機構ノ一元强化ト方針ノ
確立徹底トヨリ急ナルハナシ
今ヤ情勢ノ推移並内外ノ事態ニ考ヘ戰爭指導上
確定統一ヲ要スル根本方針ヲ列擧スレハ左ノ如シ
S 1.1.1.0-27　2040　0017

資料1

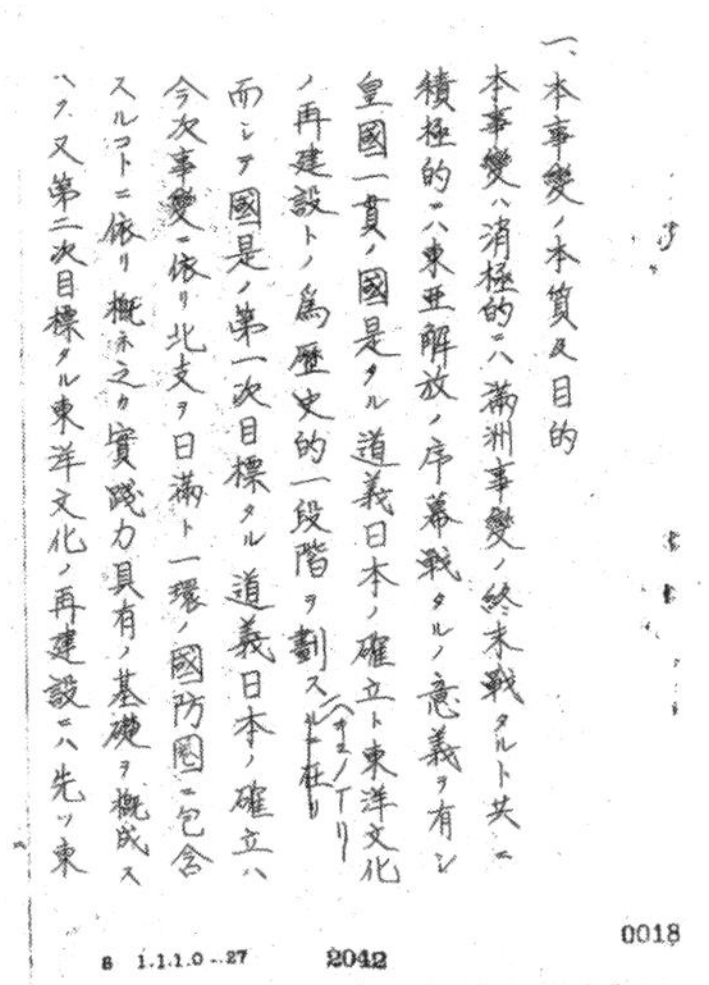
一、本事變ノ本質及目的
本事變ハ消極的ニハ滿洲事變ノ終末戰タルト共ニ
積極的ニハ東亞解放ノ序幕戰タルノ意義ヲ有シ
皇國一貫ノ國是タル道義日本ノ確立ト東洋文化
ノ再建設トノ爲歷史的一段階ヲ劃スルニ在リ
而シテ國是ノ第一次目標タル道義日本ノ確立ハ
今次事變ニ依リ北支ヲ日滿ト一環ノ國防圏ニ包含
スルコトニ依リ概ネ之カ實踐力具有ノ基礎ヲ概成ス
ヘク又第二次目標タル東洋文化ノ再建設ニハ先ツ東
S 1.1.1.0-27　2042　0018

資料2

また、その屈辱感に米英が乗っかった。蒋介石を焚きつけて日本軍を支那大陸から追い出し、日本が日清戦争、日露戦争、第一次大戦で獲得した利権の横取りを狙っていたのである。

日本軍はやむなく武力討伐へ舵を切り、日本人虐殺の首謀者である蒋介石を捕縛するため蒋介石政権の首都である南京を占領したのだが、当の蒋介石は首都陥落前に大陸奥地へ敵前逃亡し、支那事変は泥沼化の様相を呈し始めた。その時期は昭和十三年春頃である。

戦後生まれは、支那事変は日本が支那大陸を植民地化し、利権を獲得するために侵略した侵略戦争であると教えられてきた。東京裁判で満洲事変にはじまる十五年戦争は、大日本帝国による悪しき侵略戦争であると規定されたことがその侵略史観の根底にあることは明らかである。日本共産党と日教組、左翼マスコミ、東大左翼閥、疑似戦勝国である米国にとって、大日本帝国を悪者にしないと自分たちが悪者にされてしまうから必死であった。原爆使用に対する免罪符を必要としていた疑似戦勝国である米国は大日本帝国を悪魔と規定しなければ、自らが悪魔と規定されてしまうから死に物狂いで〝戦犯国家日本〟を捏ち上げた。

一方、左翼に対する日本既存保守論壇の論調と言えば、当時の日本軍は支那との協定に基づいて合法的に駐留していたのであり侵略ではないが、定見のない近衛内閣と無能な軍部が戦略的対応策を見いだせないままズルズルと引きずりこまれていったという評価であった。

日本人自身の几帳面かつお人好しな民族性からして、ただの物取りに出張っていったとか、ズルズルと定見なく引きずり込まれていったという保守と左翼の見解に、筆者らのみならず多くの日本人も違和感を覚えたのではないだろうか。

その結果、大日本帝国による自発的な介入であったという証拠が見いだせないため、支那事変を陰謀したのは当時のアメリカ大統領ルーズベルトだったとか、ルーズベルトを焚きつけたのは実はスターリンだったとか、いや真の黒幕はスターリンを焚きつけたロックフェラーとかいう、いわゆる〝連鎖型陰謀論論争〟が賑わう形となったのである。

大日本帝国が主体的に行動したという証拠文献が発掘されていない以上、他国からの唆しという〝陰謀論〟を考えるしか他に手がないという結論なのである。

写真に示す軍人は昭和十三年三月から陸軍参謀本部第一部第二課長を務めていた稲田正純

陸軍大佐（終戦時は陸軍中将）である。筆者らはこの人物が上記文献の発出者であると特定した。上記文献の発出日は昭和十三年六月であるから、稲田正純課長の下で作成され、関係省庁に配布されたことは間違いないと判断したのである。

資料3は昭和十一年から十八年までの歴代作戦課長の氏名、階級　就退任時期、後職を示している。

支那事変をアジア全域解放のための口実として積極的に拡大していった参謀本部作戦部作戦課長には歴代陸軍の生え抜きエリートが抜擢された。生え抜きとは陸軍幼年学校、陸軍士官学校、陸軍大学出身者を言う。

当時、心身ともに優秀なる子弟は陸士か海兵に入り、そこから外れたものが一般大学へ入学する傾向があったと聞いた。作戦課長とはそれほどのエリートだったのである。

稲田正純

盧溝橋事件以降、石原莞爾作戦部長の不拡大方針もあり、現地日本軍は何度か停戦を実行していたが、そのつど蔣介石軍側は停戦を破り、挑発を繰り返していた。そのため、日本軍は武力解決の道を採らざるを得なくなり、不拡大派の石原莞爾作戦部長を更迭すると同時に、喧嘩両成敗なのか部下であった拡大派の武藤章作戦課長も更迭した。そして十二月の南京攻略を経て、戦火はシナ奥地へと

歴代作戦課長

氏名	階級	就任	退任	後職備考
清水規矩	大佐	昭和11年6月19日	昭和11年8月1日	歩兵第73聯隊長
富永恭次	大佐	昭和11年8月1日	昭和12年1月7日	関東軍司令部附
武藤　章	大佐	昭和12年3月1日	昭和12年10月26日	中支那方面軍参謀副長
河邉虎四郎	大佐	昭和12年10月26日	昭和13年3月1日	浜松陸軍飛行学校教
稲田正純	中佐	昭和13年3月1日	昭和14年10月12日	参謀本部附 昭和13年7月15日 大佐昇格
岡田重一	大佐	昭和14年10月12日	昭和15年9月28日	歩兵第78聯隊長
眞田穰一郎	大佐	昭和17年12月14日	昭和18年10月5日	参謀本部第1部長 昭和18年8月2日 少将昇格

資料3

拡大していく。

稲田大佐はシナ事変不拡大を唱えた石原莞爾作戦部長と対立した武藤章大佐（東京裁判で有罪判決を受け殉死）の後任の河邉虎四郎大佐のさらに後任として、昭和十三年三月一日作戦課長に就任した。

重慶蒋介石政権の息の根を止めるには援蒋ルートの遮断が必須となるわけであるが、援蒋ルートの遮断とはベトナム、ビルマ、インドの植民地からの解放を意味していた。

大本営は〝東亜解放〟のための口実を得たことになった。

明治維新直後に開設された玄洋社（明治十四年）と日露戦争の勝利以来、以降続々と日本に逃れて来ていたビハリー・ボース（インド）などのアジア独立派が虎視眈々と狙っていた東亜解放のチャンスがやっと巡ってきたのである。そしてそれに必要な軍事力は用意されていた。

一九四一年末における日米の軍事力を比較してみる（ここで留意すべきは米国は太平洋と大西洋の二正面に戦力を振り分けられるため不利に働くということである）。

人員（軍人・軍属）
日本―242万
米国―188万

海軍艦艇
日本―148万トン（385隻）
米国―131万トン（341隻）

航空機
日本―4772機
米国―1万2240機

開戦時の就役主要艦艇数

	戦艦	空母	巡洋艦	駆逐艦	潜水艦	主要戦闘艦艇	合計
日本	10	10	38	112	65	261隻	約100万トン
米国	17	7	37	180	109	350隻	約138万トン

日本海軍は別に補助艦艇129隻約45万トン、特設艦船700隻150万トンを保有していた。

開戦時の海軍航空兵力（日本）
2274機（戦闘機519、爆撃機257、攻撃機955、偵察機439）
太平洋、極東地域にある連合軍機は合計約3600機

GDPを比較すれば10—20倍もの差があったことは間違いないが、それは大きな脅威とは考えられなかった。なぜなら日清日露の戦いでも敵国のGDPは日本のそれを大きく凌駕していたからである。超大国であった清国、ロシア帝国に打ち勝ち、第一次大戦に勝利し、有色人種でありながら有色人種の国である満洲国を独立させ、支那事変も連戦連勝だった大日

本帝国が極東の米英軍をことのほか恐れていたとは到底考えられないのである。

戦力比較を見る限り帝国陸海軍の装備が米英に劣っているどころか、互角ないし勝っているという当時の現実を見ると、「新参者の米国何するものぞ」という気概が伝わってくる。米国が単独で戦って勝利したのは対メキシコ戦争と対スペイン戦争という二流国家相手の戦争のみであり、英国からの独立戦争以来、単独での列強との戦闘経験を持たなかった。なぜそんな国を恐れるのであろうか。

日本軍は米国の軍事力を恐れていたなどというのは、戦後になって米国が自国を強く見せるために捏ち上げたプロパガンダである。上記に示した稲田正純大佐の文書を見る限り、米英を恐れていたなどという様子はどこにも見て取れない。

大日本帝国は支那事変をアジア全域解放のための口実として積極的に拡大していった。軍と政府の無能から内戦に引き摺り込まれたり、他国の陰謀に騙されたわけではない。確たる軍事的実績のもと維新以来の宿願であった東亜全域における「尊皇攘夷」を実行しただけである。

以下に資料提供者である八巻康成氏による上記資料の書き起こし文を紹介する。

六月二十日に手書きされた草稿は六月二十三日にはタイプ印刷されたようである。そちらの文書から書き写す。

外務省外交資料館より
レファレンスコード
b02030538000より
昭和一三年六月二三日

戦争指導上速に確立徹底を要すべき根本方針

本事変に対し有終の結を与ふるは今後中央の努力に在り。之か為には戦争指導に関する方針の確立徹底と機構の一元強化とより急なるはなし

其一　戦争指導に関する根本方針

一、本事変の本質及目的

本事変は消極的には満洲事変の終末戦たると共に積極的には東亜解放の序幕戦たるの意を有し、皇国一貫の国是たる道義日本の確立と東洋文化の再建設との為歴史的一段階を劃《かく》すべきものなり

而して国是の第一次目標たる道義日本の確立は今次事変に依り北支を日満と一環の国防圏に包含することに依り概ね之が実践力具有の基礎を概成すべく、又第二次目標たる東

洋文化の再建設には先づ東亜を我皇道を中核とする物心両面の共栄に導き、以て不幸なる欧米依存の状態より解放するを要す。之が為には真日本の顕現、満洲国の善政、日満支の提携並「ソ」英問題の処理を必要とし「ソ」英問題は一般の情勢上、対「ソ」処理を先決とす。

二、日支関係の根本基調

日支は東洋文化の再建を以て共同の目標とし相互に善隣の関係に置かれるべきものなり。東亜に於いて日本は先覚指導者として又支那は大なる実在として夫々天賦の使命実相を有し相互に尊重せらるべきものなり。

日満支が共同目標に向ひ各々其使命を遂行せんが為には日本は日、満、北支を範域とする強力国防圏の確立を必要とし又支那は欧米依存の状態より脱却して国内の治安開発に邁進するの要あり。而して日本が北支を国防圏として考ふるの程度は共同防衛の見地よりする戦略的考慮の外現地の福利増進を願念しつつ日満の不足資源を彼地に求むるを以て基準とすべく又支那が国内を開発するの要は日満支の間有無相通長短相補以て生産消費、交易の関係を律するに在り。

三、北支及中南支の皇国に対する地域

（イ）北支

河北省及山西省の各北半（概正太線）以北及山東省は資源開発上並軍事上の見地に於いて皇国の自存並日満国力結成即ち道義日本の大局的生存の為絶対不可欠の範域なり、従って右範域を政治地理的に包含する最小限度の地域即ち北支五省（黄河以北河南省を含む）は平戦時を通し日満と一環の結合内に置かれるべきものなり。

（ロ）中南支

中南支は上海を除く外、次項第三日支提携一般問題の範疇に於て考定せられるべきものなり。

四、本事変の解決に方り確定すべき根本事項（其形式は解決の情勢に依り多少の変化あるべし）

第一　北支資源の開発利用

第二　北支及上海に於ける日支強度結合地帯の設定、蒙疆《もうきょう》の対「ソ」特殊地位の設定

第三　日支平等互恵を基調とする日支提携一般問題

（イ）善隣友好

（ロ）共同防衛
（ハ）経済提携

五、全面的に守備の態勢に転移すべき情勢に至る迄に於ける北中支に対する内面指導方針

政務の内面指導は一般に現地政権発達の段階に応せしむるものとす。之が統合調整並統一促進の為中央に一機関を設け東京よりの指導力を一層強化す。当分の間概ね現状を継続するも現地に照応し逐次現地軍政政務指導業務を整理す。

其二　戦争指導機構の強化統一に関する措置

本事変以来国家最大の欠陥は戦争指導機構の不統一乃至不活動に在り。今にして之を是正せずんば本事変の成果を逸し更に近き将来に到来すべき歴史的世界転機に一籌《いっちゅう》を輸【おくれをとる】せんことを虞《おそ》るるのみならず事変に続いて我危急存亡の事態発生の懸念すら、なきにあらず。職を中央に奉する者正に猛省の要あり。

即刻強化実現を要すべき要項左の如し
皇道精神の確立徹底
戦争指導の一元化
総動員指導権の確立
経済戦及思想戦の基礎確立

上記文書の後段では、事変勃発を積極的に活用し、事変収拾の落としどころを、支那と日本の協力によるアジア全域の解放（東亜の欧米依存からの解放）を目指す合意の締結とすべきであると主張している。

稲田大佐の目論見の一部は、二年後に達成された。昭和十五年三月三十日、蔣介石側から汪兆銘が日本側の説得に応じて重慶を脱出し、南京に国民政府を開いたからである。汪兆銘南京政権が日本側についただけでも対中作戦継続の大義名分が立ち、蔣介石が日本軍と汪兆銘軍への抵抗を続ける限り、米英による蔣介石への軍事援助を阻止する軍事作戦の発動（援蔣ルート遮断）に大義名分を与えることができる。

援蔣ルート遮断とは昭和十三年当時、ルートの起点にあった香港、ベトナム、ビルマを日本軍が占領し、占領地域を植民地から独立させることを意味するにほかならない。

歴史は稲田正純大佐の予言通りに推移し、東亜全域は欧米植民地としての頸木から解放され、終核戦＝終戦までに六ヶ国が独立、一ヶ国が独立を宣言していた。また、支那については日本軍との戦いで戦力を消耗した「アジアの裏切り者である蔣介石」が台湾へ追放され、毛沢東が主導する支那共産党が政権を把握、共産主義国家となり、やはり欧米白人の放逐に成功していた。米英仏蘭は支那を含むすべてのアジアでその利権を喪失した。

2　米英が対日経済封鎖に勤しんでいた頃、ビルマ解放が検討されていた

前述したように昭和十三年はルーズベルトが「隔離演説」行い、対日反抗政策を開始することを明確化した年であった。昭和十五年に入ると、次に示す対日経済封鎖が具体化して次々に打ち出されてきた。いわゆる米英蘭支によるＡＢＣＤ対日経済封鎖である。

一月　日米通商航海条約失効
六月　特殊工作機械等の対日輸出の許可制導入
七月　国防強化促進法成立（大統領に輸出品目選定権限を与える）
　　　日本への鉄と切削油を制限する輸出管理法成立
八月　航空用燃料、航空ガソリン添加用四鉛化メチル、鉛、鉄・屑鉄の輸出許可制を導入、

航空機用燃料の西半球以外への全面禁輸を開始
九月　屑鉄の全面禁輸
十二月　航空機潤滑油製造装置ほか十五品目の輸出許可制を導入

昭和十五年の米国政府は、対日貿易規制に関する規則や法律の成立に多忙であったことが窺える。それでは、米英蘭支からの対日圧力に対し、大日本帝国はどのように対抗しようとしていたのであろうか。その答えは「大英帝国の地上からの抹消」であった。大英帝国を構成する植民地を独立させることにより、道義に劣る白人植民地主義を終焉させようという〝親切心〟からであった。

独立化の最初の対象国とされた英国植民地はビルマである。ビルマが候補地に選ばれたのには理由がある。

元日本海軍士官の国分正三氏が、ビルマ領内で諜報活動その他の独立支援活動を長年にわたって行っていた。国分氏は昭和十五年春、英国官憲によってにビルマ領内から追放処分となったのだが、昭和十五年九月十二日、その国分氏を招いて外務省にてビルマ（緬甸）の独立の可能性に関する検討会が開かれた。

この件については『國の防人　第八号』（展転社、平成三十年十二月二十日発行）掲載の拙論文「外務省も陸軍省も大本営も個人的趣味の会だったのか——外務省検討会議「ビルマの独立援助に関する件」議事録」と重複するが一部を掲載しておく。

この資料は国立国会図書館アジア歴史資料センターから八巻康成氏が発掘したもので、大東亜戦争関係緬甸問題「緬甸（現ミャンマー、旧ビルマ）独立と日緬同盟条約締結関係」に関する資料集である。

上記資料集のなかに「緬甸独立援助に関する件」という記録文書（レファレンスコード：B02032946200）を見いだせる。「文書番号０４６３　緬甸独立援助に関する件」を資料4に示す。

この文書はビルマ現地で昭和初期から長年にわたって独立支援を行ってきた国分正三氏が諜報活動その他の支援活動を理由に英国官憲により国外追放処分となり帰朝したことを受け、昭和十五年九月十二日に外務本省にて開かれたビルマ独立運動現況報告並びにビルマ独立工作に関する検討会の結果を抄録したものである。

国分正三氏については論文末にウキペディアより引用し紹介する。

文書番号０４６３には次のごとく会議内容の要録が示されている。

緬甸独立援助に関する件

昭和十五年九月十二日

レファレンスコード
B02032946200
資料1 文書番号0463　緬甸独立援助に関する件

外務省に於て陸軍（高山中佐）、参本（村上中佐）、軍令部（松水中佐）、外務省（与謝野欧二課長、笠原事務官、中川事務官、他一名の事務官）など関係者が参集した。最近緬甸より追放処分に附せられ帰朝したる国分正三を交へて、国分起草の緬甸独立企画草案を基礎として種々本件対策につき協議した結果、大体以下のごとき意見の一致を見た。

一、緬甸独立援助は原則的に適当と認められる。

二、緬甸は英国牽制の為の媒略を行う国としては諸般の情勢を鑑みるに最適地と考えられる。

三、緬甸の親日傾向及び反英傾向を考慮すれば、緬甸に於て独立運動を起さしめ、かつそれを成功に導くことは必ずしも難しいことではない。問題は独立後それを維持できるかどうかの点にあり。緬甸人のみにては当分独立維持の能力はなく、独立維持は日本の兵力に依存するを要するゆえ、日本にして緬甸に援兵を派遣するしかないが、まずは如何にして援兵を派遣すべきかを議論すべきである。
しかして緬甸独立問題は対仏印及泰国問題と密接不可分の関係にあるゆえ、緬甸独

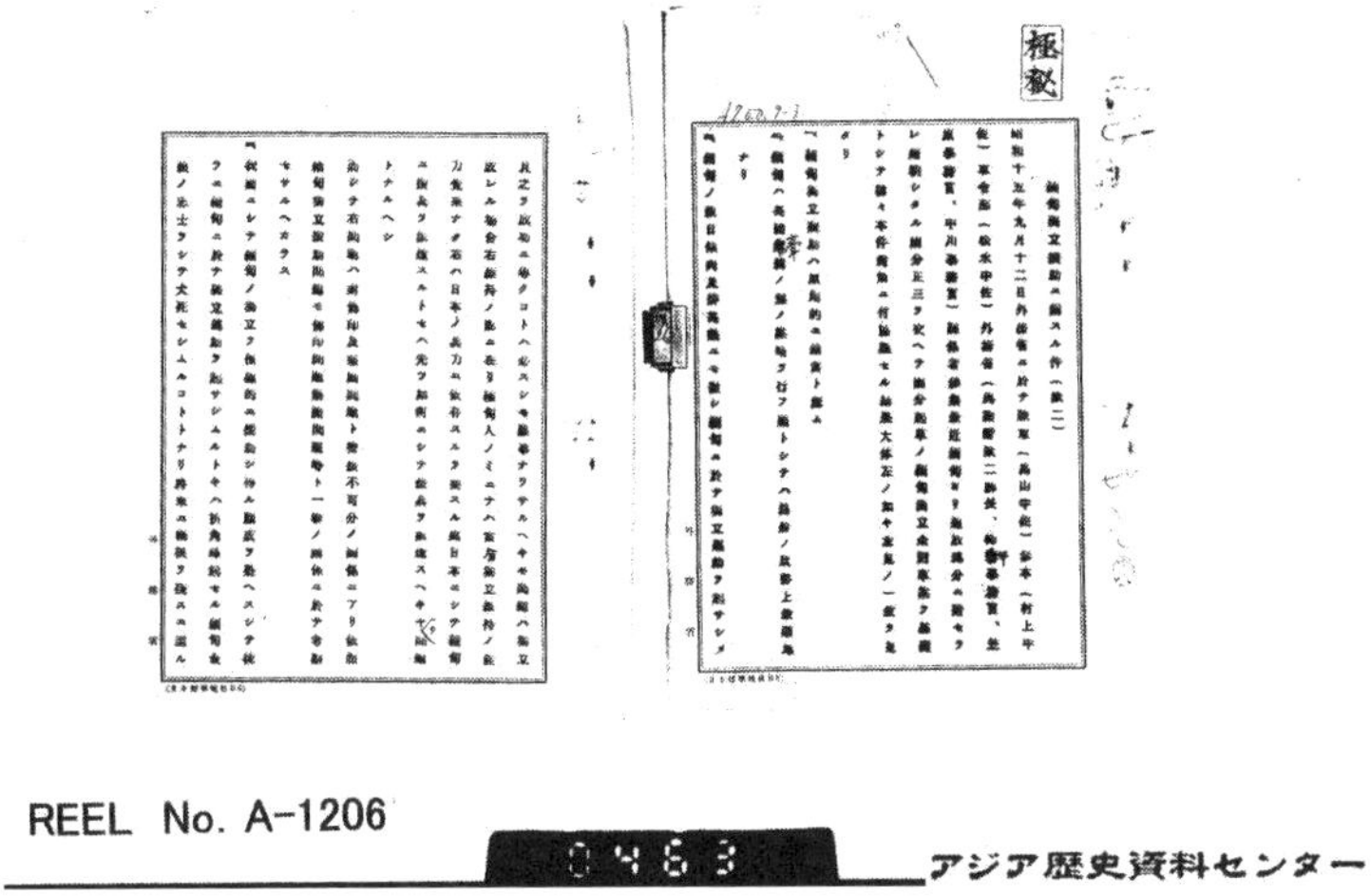

資料４　文書番号0463　緬甸独立援助に関する件

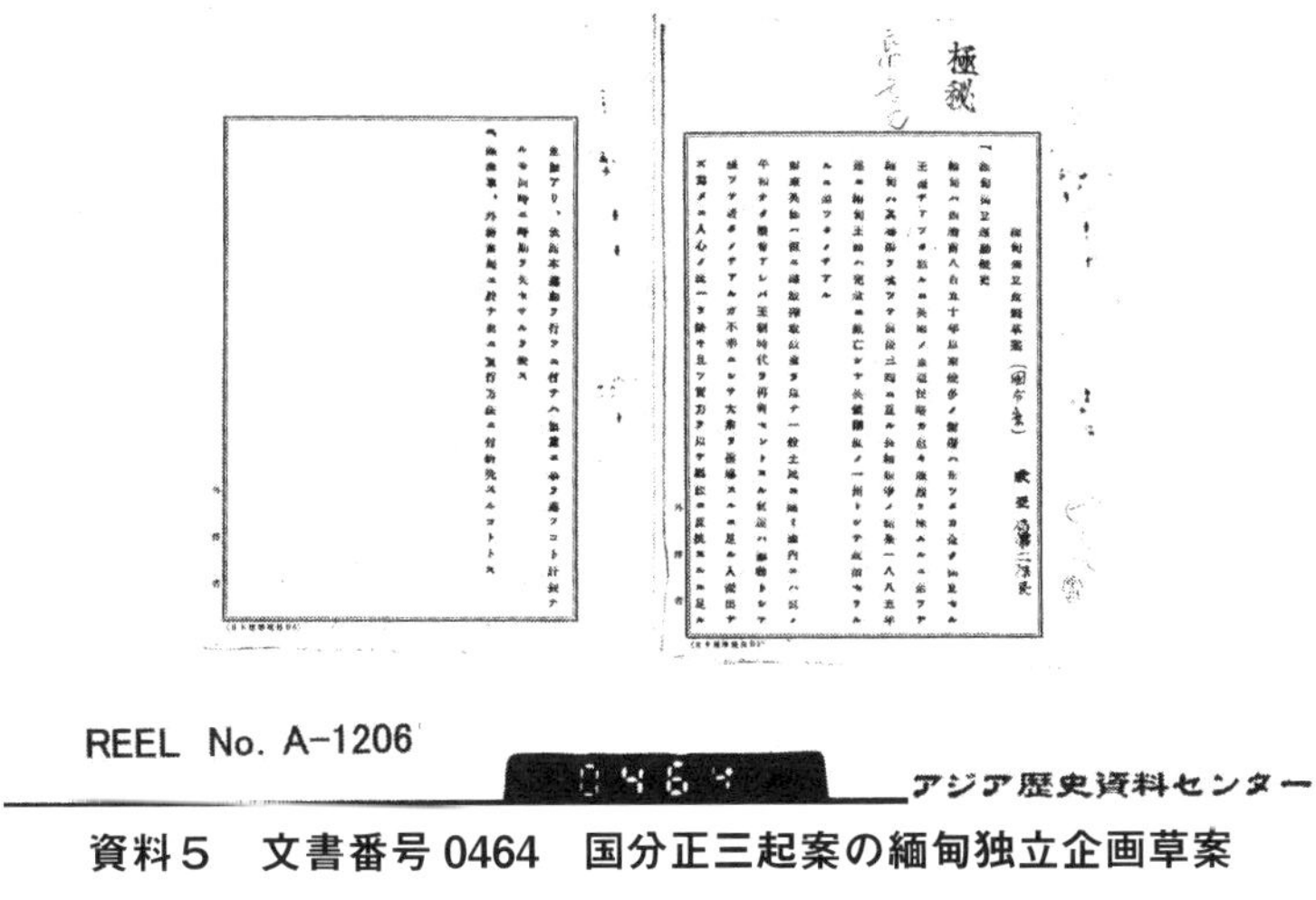

資料５　文書番号0464　国分正三起案の緬甸独立企画草案

立援助問題も対仏印及泰国問題等と一連の関係に於いて考察されるべきである。

四、我が国が緬甸の独立を積極的に援助し得る態成を整えずして、もっぱらに緬甸に於て独立運動を起来させるならば、折角蜂起せる緬甸愛国の志士をして犬死させることになり将来に禍根を残すであろう。

次に資料5の文書番号0464に国分正三起案の緬甸独立企画草案が示され、資料6の文書番号0467ではビルマの独立蜂起に必要な武器弾薬兵員とその搬入ルートまで具体的に次のように記載されている。

当面必要とする武装：
小銃：五〇〇〇丁（機関銃含む）
実包：一〇〇万発
手榴弾：若干
短波無線機および操作人員
紙幣：一〇〇万ルピー
歩兵：一ヶ大隊と若干の補助部隊
武器の搬入ルートについてはビヤポン河口、デデヤ河口など、輸送船は数十トン規模。

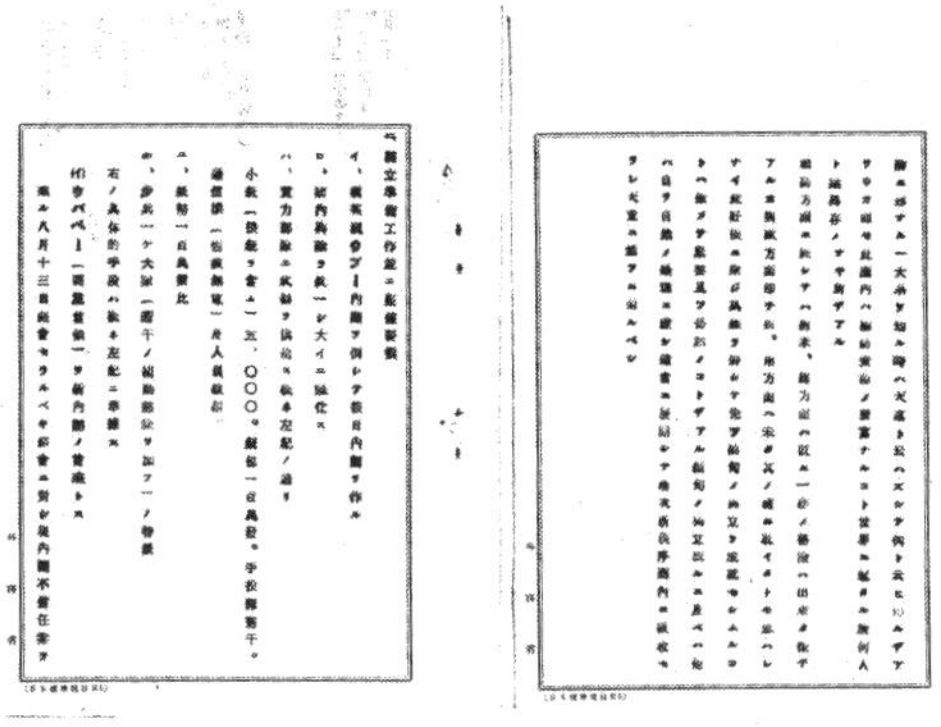

REEL No. A-1206

0467　アジア歴史資料センター

資料６　文書番号0467　ビルマの独立蜂起に必要な武器弾薬兵員と搬入ルート

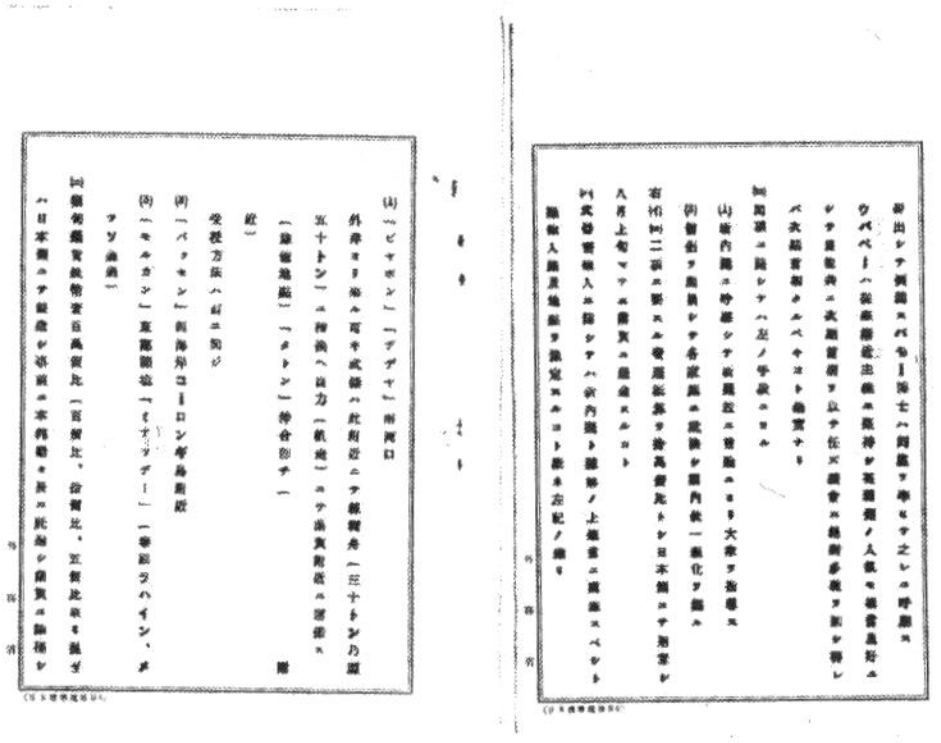

REEL No. A-1206

0468　アジア歴史資料センター

資料７　文書番号0468　クーデター要領

さらに資料7の文書番号０４６８では、当時の親英政権であるウプー内閣を倒し、反英活動を続けてきたバーモウ、ウバペーなど独立派による連立内閣を樹立すべきであるとし、国際情勢を考慮しながら一九四〇年十月ないし十一月に決起するとしている。指導本部はラングーン、支部をモールメン、バッセン、マンダレーの三ヶ所に置き、ビルマ国民への啓発についても次のように提案されている。

一、新内閣の樹立に呼応して新聞などメディアを動員して大衆を啓発する。
二、僧侶達を動員して各家庭を訪問させ国民の支持を獲得する。

資料7の文書番号０４１５は昭和十六年一月七日付で陸軍参謀総長杉山元から陸軍大臣東条英機宛に送られたビルマ工作要員の増員に関する要望書である。本文書によればビルマ工作要員として陸軍大佐一名、尉官五名の増員を要求しているが、この陸軍大佐はビルマ独立工作を担当した特務機関である南機関を主導した鈴木敬司大佐（機関長）であろうと思われる。南機関の発足は昭和十六年二月一日であり、上記増員要望書の時期と一致する。文書内で尉官五名の増員が必要とされているが、南機関発足時の人員構成を調べてみると以下の通りである。

陸軍―佐官一名
　鈴木敬司大佐（機関長）
　尉官五名
　川島威伸大尉、加久保尚身大尉、野田毅中尉、高橋八郎中尉、山本政義中尉
　（この中で川島大尉、加久保大尉、山本中尉の三名は陸軍中野学校出身）
海軍―佐官三名
　児島斉志大佐、日高震作中佐、永山俊三少佐
民間―四名
　国分正三（海軍予備役大尉）、樋口猛（陸軍中野学校出身・上海特務機関員）、杉井満（興亜院）、水谷伊那雄（満鉄調査部）

たしかに陸軍からは一名の左官と五名の尉官が派遣されており、昭和十六年一月七日付要望書に一致する。それゆえ資料番号0415は翌月二月一日に迫った大本営直轄機関である南機関の正式発足に向けた要望書であったことは確実である。

これら人員のなかで着目すべきは野田毅中尉である。野田中尉は南京攻略戦の際に毎日新聞がでっち上げた「百人斬り競争」という冤罪のため戦犯として逮捕・処刑された、あの野田少尉と同一人物である。野田は南京作戦の後広東作戦に従軍、その後南機関員としてビル

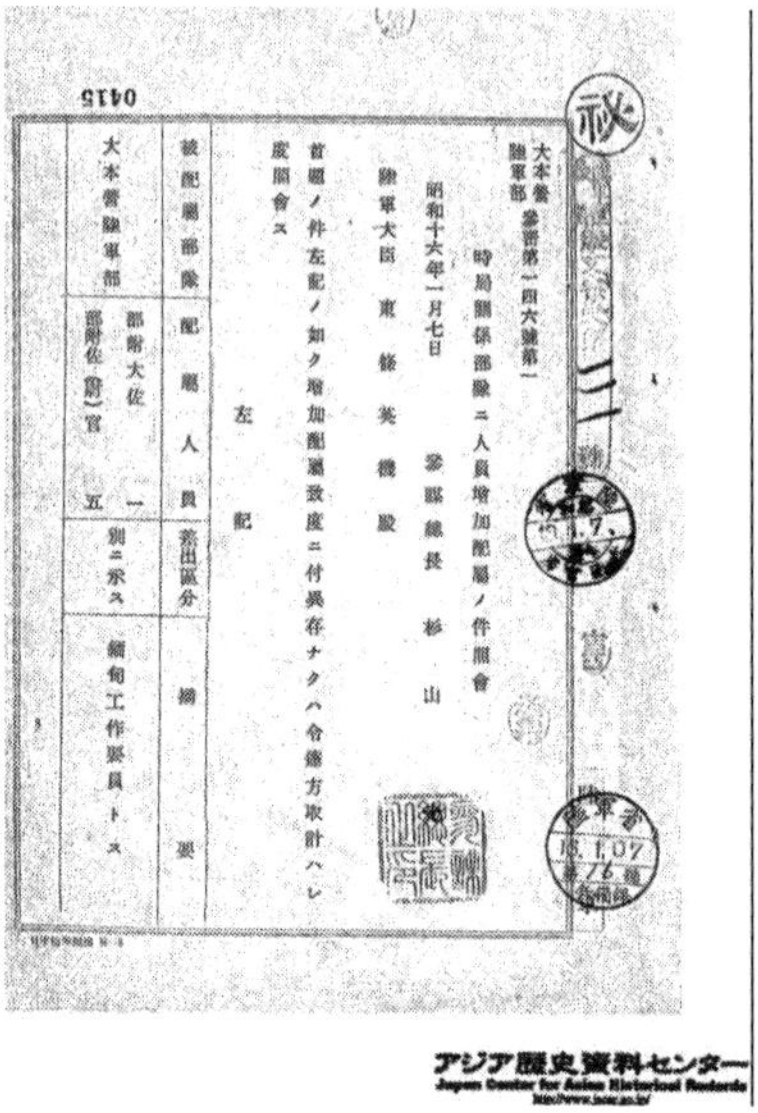

秘

大本營
陸軍部　參密第一四六號第一

時局關係部隊ニ人員増加配屬ノ件照會

昭和十六年一月七日　參謀總長　杉山

陸軍大臣　東條英機殿

首題ノ件左記ノ如ク増加配屬致度ニ付異存ナクハ令達方取計ハレ度照會ス

左記

被配屬部隊	配屬人員	差出區分	摘要
大本營陸軍部	部附大佐　一 部附佐(尉)官　五	別ニ示ス	緬甸工作要員トス

0415

資料８　文書番号0415　ビルマ工作要員の増員に関する要望書

マ独立工作に従事していた。

これは筆者による推測であるが、処刑の理由は虚構の「百人斬り競争」などではなく、ビルマ独立に加担したことに対する英国からの報復であったであろうと思われる。鈴木大佐ら他の加担者には戦犯としてのこじつけすら見出すことができず、訴追を断念したのである。

筆者は従来より、昭和十五年二月の段階で、のちに〝南機関〟と呼ばれる特務機関の前身がビルマにて独立工作を開始していたことを自身のブログ、ネット出版、著作などで繰り返し解説し、アジアにおける欧米植民地解放こそが大東亜戦争の開戦目的であったと訴えてきた。今回、大本営陸軍部から発出された南機関設立へいたる機関員の増員要望書、外務省でまとめられた「ビルマ独立支援に関わる計画書」がアジア歴史資料センターから発掘された。これらの文書はアジア解放は先づけであり、プロパガンダ歴史観「アジア解放建前論」「アジア解放後づけ論」「アジア解放結果論」という「アジア解放虚構論三点セット」こそが虚構であり、後づけであったことを証明している。

開戦前からアジア各地の独立指導者と独立準備を進めていたから、昭和十八年八月一日のビルマ独立にはじまり、開戦中に六ヶ国が独立、一ヶ国（インドネシア）が独立宣言を行うことができたのである。東南アジア各国は戦後になって自力で独立したなどという言説こそが後づけであり、共産党と〝疑似戦勝国〟アメリカが大日本帝国を貶めるために捏っち上げた虚構だったのである。

戦後教育の中で我々は「日本が悪いことをしたから経済制裁を受けた」と教わってきた。本項冒頭で記した昭和十五年（一九四〇）に発動された対日経済制裁をもう一度見てみよう。

一月　日米通商航海条約失効
六月　特殊工作機械等の対日輸出の許可制導入
七月　国防強化促進法成立（大統領に輸出品目選定権限を与える）
　　　日本への鉄と切削油を制限する輸出管理法成立
八月　航空用燃料、航空ガソリン添加用四鉛化メチル、鉛、鉄・屑鉄の輸出許可制を導入、
　　　航空機用燃料の西半球以外への全面禁輸を開始

九月　屑鉄の全面禁輸
十二月　航空機潤滑油製造装置ほか十五品目の輸出許可制を導入

右記制裁項目を見れば、日本軍に対して航空機の運用を止めるよう求めていることがわかる。軍用機を飛ばすな、訓練をするなと要求しているわけだ。当時、四鉛化メチルは航空機用ハイオクタンガソリンの製造に必須であった。航空機用エンジンはできる限り小型軽量に造られるが、そのため燃料には気筒内での爆発力が求められた。四鉛化メチルはガソリンのオクタン価を上げるために使用された。

現在の日本人には信じられないだろうが、当時の日本は航空機用ハイオクタンガソリンを自前で大量生産することができなかったのである。十分な精製技術を持たなかったからだ。その結果、航空機用ガソリンのほとんどを米国からの輸入に頼っていた。日本国内では原油がほとんど採れないゆえ、精製技術も発達しなかったのである。

陸軍の四式戦闘機疾風が国産の燃料九十二オクタンと国産点火プラグを使用したときの最高速度が高度六千メートルで六百二十四キロだったのが、戦後米国で百オクタン／百四十グレードガソリンとアメリカ製点火プラグを使用した飛行テストでは、高度六千九十六メートルにおいて時速六百八十七キロを記録したという話は有名である。もっとも、このときの試験では機銃などの武装を外して重量を軽減していたから高速度を出せるのは当然なのだが、一割増しの速度は出すぎである。

これは余談になるが、著者が米陸軍に招請される理由となった「吹雪風洞の発明」では、模型雪（実際の雪の代わりに風洞内で使用する微粉末）として活性白土という粘土の一種を使用した。これはモンモリロナイトと呼ばれる粘土粉を酸化処理して、表面の金属分を溶出させ多孔質としたものである。不純物を吸着する能力に優れているため、活性白土は米国において石油精製に使用され、航空燃料の量産に使用されていた。日本は自国で産するモンモリロナイトを輸出するほど採掘していたが、石油精製に使用できることを知ったのは戦後になってからである。

かように、戦前のわが国は石油産業が未発達であったゆえ、石油製品を禁輸されるということは死活問題であった。もちろん米国にすれば、大日本帝国の生殺与奪権を握っているつもりであるから、昭和十五年の石油の輸出制限に続いて、翌年には対日全面禁輸へ移行したわけである。しかし、現状の北鮮への制裁でも明らかな通り、規制には抜け穴がつきものであり、日本は闇市場から石油を輸入していたという話がある。大東亜戦争中でも前線の飛行場には、どこから輸入したのかわからないが、外国語が印刷されたドラム缶が多数打ち捨てられていという復員兵の話を読んだことがある。これは後述するが、昭和十九年（一九四四）年四月十七日から十二月十日まで、支那大陸では大陸打通作戦が発動され、日本陸軍は八百輌の戦車と一万二千輌のトラックを動員した。ドイツ軍の十八番であった機甲部隊の日本版が出現したわけである。昭和十九年と言えば、戦後吹聴された評判では「敗色いよいよ濃くなりにけり」という年で、内地の飛行訓練には〝亜号燃料〟と呼ばれる粗悪ガソリンにアルコールを混ぜた燃料が使われ出した頃である。それなのに、最前線では一万二千八百輛の機甲部隊を動かすだけの燃料が確保され、日本軍は大勝利を収めていた。こういう点を考慮すれば、ルーズベルトお得意の石油封鎖などあまり効果などなかったのではないかという疑念が生ずる。米国の対日石油禁輸が日本軍にとって致命的だったという話は、米国による経済制裁が有効であったというプロパガンダであり、戦後になって捏っち上げられた大嘘であったという疑念が生じる。

戦後、米国空軍戦略調査団の調査報告によれば、終戦時に日本本土には一万五千六百機の特攻機が温存されており、各機が五回出撃できる分の航空燃料が備蓄してあったという。いったいその備蓄航空燃料はどこから入手したものだろうか。

スマトラ島パレンバン油田には、天然ガスから分離抽出される天然ガソリンが存在し、それを利用すれば航空燃料の確保は容易になると見られていた。しかし、その天然ガソリンのオクタン価は七十二であり、オクタン価が低すぎてそのままでは航空燃料には使えない。また、その低オクタンガソリンを日本軍の標準オクタン価である九十二オクタンに引き上げることも当時の精製技術では不可能であった。パレンバン産の石油は航空燃料としては見かけ倒しだったというわけである。ただし、航空燃料以外の用途、たとえば蒸気タービンやディーゼルエンジンを使用する海軍艦艇や陸軍車輌には有用であったことは間違いない。

概して言うなら、米国による石油禁輸が効果を上げていたなら、三年八ヶ月もの長期にわたって戦闘を継続できるはずがない。

開戦当初に日本軍がパレンバンとブルネイの油田を占領したことにより、ルーズベルトさんの十八番である〝石油禁輸〟は骨抜きにされ、国産技術での大量生産が難しかった航空燃料は中立国からの輸入、敵軍からの鹵獲などで賄っていたと考えるのが妥当であると考える。腐敗堕落しきっていた蔣介石軍からの横流しも得ていたのではないかと勘ぐりたくなる。

結論を言えば、昭和十五年、米英は対日経済制裁を開始、日本側はその制裁への対抗策として大英帝国の要である英領ビルマの解放を目論んでいた。そしてその目論見は、三年後の昭和十八年八月一日に実現した。

アメリカの「経済制裁」は何の効果もなく破綻し、それどころか、日本軍の支那からの撤退を要求した「ハルノート」と相まって大東亜戦争を誘引し、昭和十八年八月一日のビルマの独立をはじめとして、米英蘭仏はすべての植民地を大日本帝国によって解放独立させられ、植民地の喪失という逆経済封鎖を被ることになった。

明治維新以来、全アジア解放を目論む日本軍にとって対日経済封鎖とハルノートこそ「渡りに船だった」ということである。

3　開戦の口実とするためハルノート発出を誑かした

ハルノートについては、昭和十六年十一月初頭での対米開戦決定以降開始された「対米戦回避交渉」という名の「偽装外交」により、その発出を誘引させられた可能性が高い。東亜解放戦争を開戦したい日本軍は、米国側から日本側の受け入れ困難な無理難題を突きつけられた方が開戦理由に使えるから都合がよかったわけである。

ハル国務長官は対米交渉に当たった野村・来栖両大使の戦争回避交渉という偽装外交（表面的には戦争回避を希求しているが、実際は開戦準備を整えるための時間稼ぎ）の結果、ハルノート発出を誑かされた可能性が高い。この件については資料調査担当の八巻康成氏とともに、『國の防人　第十三号』（展転社）に詳述させていただく所存である。参考までに防衛省防衛研究所所蔵の偽装外交に関する記述を紹介しておく。本資料も八巻氏による発掘と提供である。

防衛省防衛研究所　レファレンスコード C12120319200

作成者名称参謀本部第二十班（第十五課）

機密戦争日誌

昭和十六年十月三十一日より

一、正ニ嵐ノ前夜戦争カ平和カ最後ノ結ハ明日ニ判明スベシ。少クモ海軍ノ態度ハ判明スベシ。各方面一日ヲ費シ腹ヲ決メルニ営々タリ。

二、午後部長会議夜ニ至ル。「即時対米交渉断念　開戦決意ヲ十二月初頭戦争発起　今後ノ対米交渉ハ偽装外交トス」ノ結論ナリ。

防衛省防衛研究所レファレンスコードC12120319500

機密戦争日誌

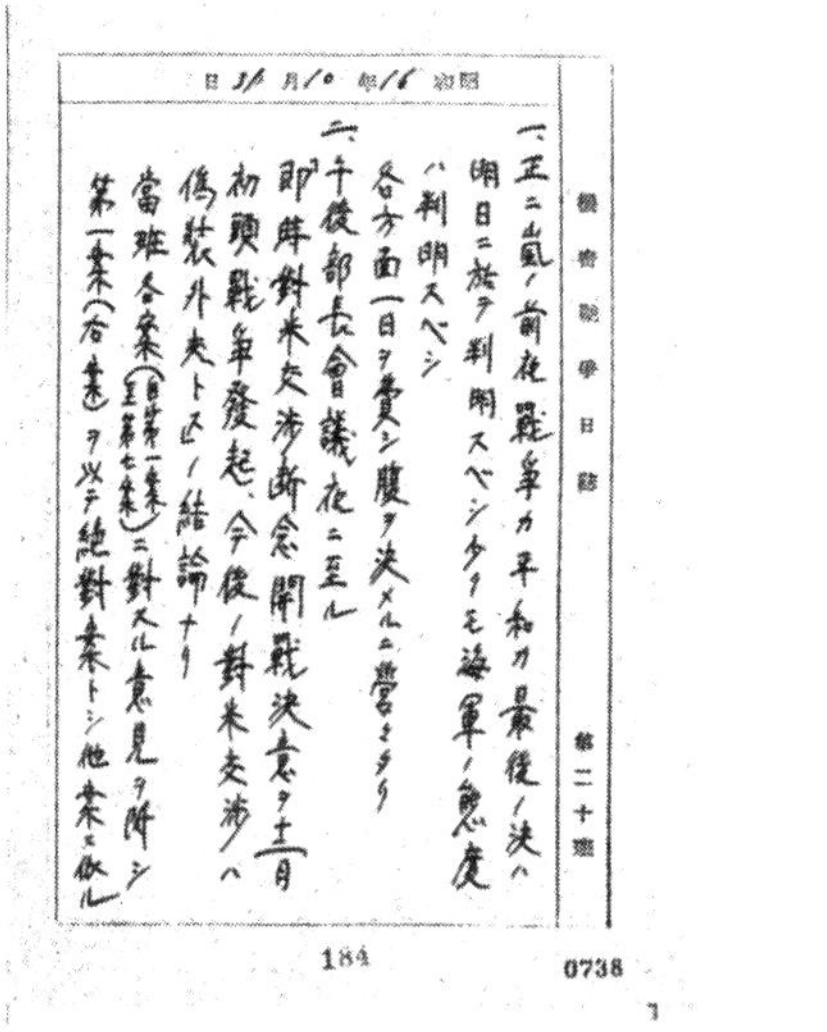

機密戦争日誌　第二十冊

昭和16年10月31日

一、正ニ嵐ノ前夜 戦争カ平和カ最後ノ決ハ明日ニ於テ判明スベシ少クモ海軍ノ態度ハ判明スベシ

各方面一日ヲ費シ腹ヲ決メルニ營々タリ

二、午後部長會議夜ニ至ル

即時對米交渉断念開戦決意ヲ十二月初頭戦争發起、今後ノ對米交渉ハ偽装外交トスノ結論ナリ

當班各案（自第一案至第七案）ニ對スル意見ヲ附シ第一案（右案）ヲ以テ絶對案トシ他案ニ依ル

184　0738

昭和十六年十二月六日より

三、野村、来栖「ハル」会談行ハル。偽装外交着々成功シツツアリ。Z作戦部隊ハ既ニ「ハワイ」ニ近カルベシ。而シテ龍田丸[注]ハ之ト併航シアリテ戦ヲ知ラズ。正ニ戦争秘史中ノ秘史ナリ。龍田丸船長ノ決心ハ如何ナランヤ。

注：龍田丸とは太平洋航路の客船で、日米関係が逼迫していた当時、日米双方の引き揚げ者を交換するために出港していた。引き揚げ船が相手国へ

向かうということは、まだ開戦の意図はないという意思表示でもあった。しかしこのときの航海は、南雲機動部隊による十二月八日の真珠湾攻撃をカムフラージュするための航海であった。

第二章　米軍は太平洋で勝利するも東亜大陸では惨敗

1　ミッドウェー作戦はフィリピン独立のための囮作戦だった

ミッドウェーで日本の空母を四隻沈めて、米軍が「勝った勝った」と喜んでいた昭和十七年六月七日、フィリピンではコレヒドール島が陥落し、昭和十七年六月九日に在比米軍は日本軍に全面降伏していた。これにより米国は、フィリピン植民地を永久的に喪失することが確定した。一年五ヶ月後の昭和十八年十月十四日、フィリピン第二共和国が宗主国である米国に対して独立を宣言した。

ほぼ同日に虎の子のフィリピン植民地を四万六千名もの戦死戦傷者、八万三千名もの捕虜を出して敗北しておきながら、ミッドウェーで十隻ある日本の空母のうち四隻を沈めたくらいで何が勝利なのか理解に苦しむところである。しかも、米国はミッドウェー海戦で三隻ある空母のうち一隻を沈められているのだ。米国ルーズベルト大統領は、フィリピン全土と一隻の空母を失うことよりも、四隻の日本空母を沈めることのほうが価値あると判断したようだ。ずいぶん気前の良いお人ではないか。

フィリピン侵攻作戦（昭和十六年十二月—同十七年六月）における日米軍損害比較してみる。日本軍による米国領土フィリピンへの侵攻が日本軍の圧勝に終わったことは表1に明らかである。フィリピンはこの日本軍の勝利により独立へと舵を切ることになる。独立とはすなわち米国にとってはフィリピン領土の喪失を意味する。六・三三平方キロの面積しかない太

マニラへ向けて進撃する日本軍

コレヒドール島で日本軍に降伏する惨めなアメリカ軍

バターン半島を制圧してバンザイ三唱する日本兵

損害種類	日本軍	米軍
戦死	4,130	25,000
戦傷	6,808	21,000
行方不明	287	
捕虜	1,225	83,631
合計	12,450	129,631

表１　フィリピン侵攻作戦日米損害比較表

平洋の小島であるミッドウェー島を日本海軍から守り切ったと勝利宣言をする一方で、総面積三十万平方キロもあり、米国唯一の植民地であったフィリピンを喪失していたのである。もちろん、ミッドウェーはハワイ諸島を防衛するための戦略的要衝である。しかし、米軍にとってハワイの軍港と軍事施設は米本土と極東フィリピンを結ぶ中間地点に位置しており、フィリピン有事に馳せ参じるための要衝であったはずである。常識的に考えれば、ミッドウェーよりもフィリピン救援に米海軍は向かうべきだったはずである。しかし、米海軍はフィリピンで壊滅させられている米国陸軍を見捨てて、ミッドウェーで「海戦ごっこ」を嗜んでいたのである。

米海軍が珊瑚海とミッドウェーで〝海戦ごっこ〟などに興じず、バターン半島とコレヒドール島の救援に参じれば、兵員の救出も可能だったのではないだろうか。

前期フィリピン戦（昭和十六年—同十七年）で戦死戦傷捕虜十二万九千六百三十一名もの損害を生じた米国が、ことさらにミッドウェー作戦を勝利であったと喧伝する理由は、ほぼ同時期に発生したフィリピン失陥を米国民の目からそらし、自国軍をことのほか強く見せるた

陸地面積は 6.23 平方キロ

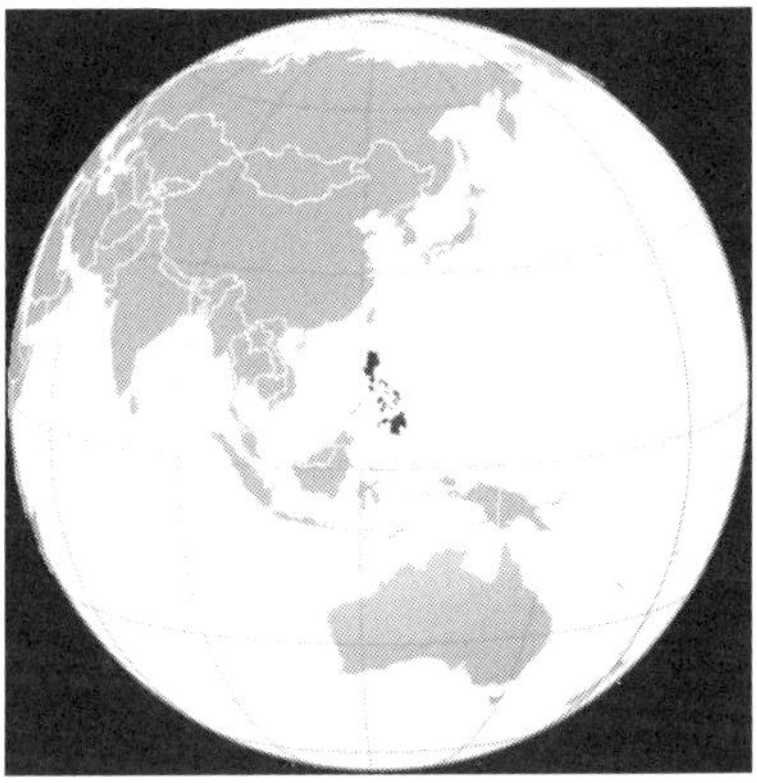

米国植民地フィリピン、領土面積30 万平方キロ

めである。三隻しか残存していない空母のうちの一隻を失い、何が完全勝利なのだろうか。残りは二隻しかない。しかも、ミッドウェーの四ヶ月後に発生した南太平洋海戦では、残った二隻の空母のうち一隻が沈没、一隻が大破して、稼働可能空母は一隻もなくなったのである。その結果、米海軍は昭和十八年末まで作戦困難に陥っている。日本軍にはまだ数隻の空母が残存していた。ミッドウェーで撃沈された空母ヨークタウンが残っていれば、まだ一隻は作戦可能だったのに、残念至極である。

ミッドウェー作戦は米空母部隊をフィリピン海域に寄りつかせないための囮作戦であったと考えれば辻褄が合う。フィリピンの独立が担保されたからである。

このフィリピン戦の敗北では、米軍はもう一つのトリックを捏っち上げた。それを「バターン死の行進」という。話はこうだ。

バターン半島攻略戦で日本軍の捕虜になった米兵（米軍フィリピン兵を含む）を炎天下に徒歩で百二十キロの行程を三日で歩かせたため、捕虜収容所にたどり着いたのは、捕虜となった約七万六千人の内、約五万四千人で、約七千人から一万人がマラリアや飢え、疲労、そして日本軍の処刑などで死亡したものと見られるというのである。

二万二千人が収容所へたどり着けず、そのうち七千人から一万人が死んだという推定である。米白人兵の死者は二千三百人と確認されてるそうだ。残りはどこへ行ったのだ？　答えは簡単だ。フィリピン兵で、行進の途中に逃げて民衆に紛れ込んでしまったのである。ある日本兵の証言では同じアジア人であるから、逃亡するのを大目に見るよう指示されていたという。しかも、死んだ米兵は投降前にマラリアや栄養失調に罹っており、放っていても死ぬ状態だったという。そんな状態なのに戦闘を継続させていたのは米軍の責任である。

鹵獲《ろかく》したトラックなどの米軍車両で捕虜を輸送することを日本軍は計画していたが、米軍は多くの車両を降伏前に破壊処理したため、徒歩行進させるしか道は残されていなかったという。

シンガポール陥落時の英軍の、秩序だった投降とは雲泥の差があったという。英軍の司令官だったパーシバル中将は作戦追行能力では無能呼ばわりされているが、捕虜としての投降指揮能力は優れた指揮官だったそうである。パーシバルは敵前逃亡することなく、部下と共に混乱することなく虜囚として囚われた。

バターン降伏の一ヶ月前、総司令官のマッカーサー将軍は部下を捨て、敵前逃亡していた。司令官に見捨てられた兵ほど哀れなものはない。五月雨式に投稿してくる米兵にはすでに指揮系統もなく、戦争捕虜としての誇りも規律も失っていたという。

捕虜の収容について米軍側の誰と交渉すれば良いのかも当初日本側には不明だったそうだ。このような情けない敗戦部隊にしてしまったのは、紛れもなく逃亡したマッカサー将軍の責任である。司令官が逃げてしまった軍隊で誰が規律など守るのであろうか。

戦後になってマッカーサーは自らの「敵前逃亡」を隠蔽するため、「バターン死の行進」を捏っち上げた。死んだ米軍捕虜は指揮官が「敵前逃亡」したゆえ統率を失い、自暴自棄となり衰弱して虜囚となったわけではなく、日本軍の捕虜への扱いが過酷であったから犠牲者が多発したことにした。死亡者の中には実際には行進から逃亡して故郷の実家に帰ったしまった米軍フィリピン兵まで組み込み、犠牲者数を水増しした。

日本の戦争犯罪を捏っち上げる才能に掛けてはマッカーサーの右に出る者はいない。マッカーサーの得意科目は「敵前逃亡」と「戦犯捏っち上げ」だった。

次にフィリピンの独立経緯を見てみる。

写真は帝国陸軍内にてフィリピン独立工作を担当していた鈴木達三陸軍大佐と三人のフィリピン人独立活動家の写真である。この写真が撮られたのは昭和十八年十月十四日、場所はフィリピン・パンパンガ州マガラン市である。この日フィリピン第二共和国は正式に独立

フィリピン第２共和国大統領ホセ・ラウレル（任期 1943 年 10 月 14 日 – 1945 年 8 月 17 日）

鈴木達三陸軍大佐と３人のフィリピン独立活動家（1943 年 8 月 14 日パンパンガ州マガランにて）

し、大日本帝国により独立国家として国家承認された。写真内で番号1が鈴木達三大佐。写真内番号2番はセレシーノ・アバド氏で、フィリピン独立連盟の指導者であり、米比戦争ではマニラ地区の指揮官を担当していた。

写真内番号3はホセ・カバング氏である。米比戦争では一八九八―一九〇一年の間、ラグーナ州で独立軍の将軍であり指揮官であった。写真内番号4はリカルド。ヘレッラ氏で米比戦争の時独立軍の少年兵として戦った。

一八九八年に起きた米西戦争において米国はフィリピン独立派に対し、米国に味方すれば戦争に勝利した後、独立を認めると約束したが、戦後その約束を反故にし、フィリピンを植民地化しようとした。それに対抗して一八九九年一月二十一日に独立派はエミリオ・アギナルド将軍を初代大統領として、フィリピン第一共和国を建国した。

しかし米国はその独立を認めず、武力弾圧を開始したため米比戦争が勃発した。この戦争で米軍は八十万人以上のフィリピン人を虐殺し、フィリピン第一共和国は消滅した。その結果フィリピンの独立は大東亜戦争で日本軍が侵攻するまで持ち越された。

昭和十七年六月、在比米軍を降伏させた日本軍は、ただちに独立準備を独立派に命じ、翌年十月十四日、ホセ・ラウレルを大統領としてフィリピン第二共和国を発足させ、国家承認を与えた。独立とは一度手に入れたら手放せないものである。結局この独立は実質的に戦後も維持され今日にいたっている。フィリピンの独立とは日本軍がフィピン人に与えたものなのである。それが歴史の真実である。

2　ガダルカナル戦の頃、ビルマが独立

第一章2で記述した通り、ビルマの独立は開戦前から企画されていたものである。それゆえ、日本軍の侵攻後、ビルマの独立工作は順調に進み、東亜各国の中では最も早く独立を達成することができた。

米軍がソロモン諸島の一小島にすぎないガダルカナル島で日本軍を〝敗退〟させ、勝利の美酒に酔っていた頃、ビルマでは独立工作が実を結び、大英帝国の消滅は目の前に迫っていた。ビルマが独立してしまえば、次は隣接するインドの独立へと日本軍が突き進むのは明ら

かであったからだ。

インドは英国の全ＧＤＰの三割以上を担っており、英国にとってインド植民地を失うということは経済封鎖を受けるのと同じ、いや、それ以上の被害を受けることを意味していた。インドが日本軍により独立させられると大英帝国は地上から消滅する。歴史はその通りに推移したわけであるが、ここで疑問に思うのは、なぜ米英軍は大英帝国の肝となるビルマを捨てて、ガダルカナルなどと言うおよそ資産価値も何もない島に固執したのだろうかということである。しかも、このガダルカナルの戦いでは米軍側も表に示すように多大な損失を出しているのである。

日本軍側の戦死戦病死は一万九千二百名に対して米軍は戦死七千百名、戦傷七千七百八十九名、戦死戦傷合計一万四千八百八十九名、損失艦艇は日本側三十八隻に対して米軍側二十九隻、航空機の損失は日本側六百八十三機に対して米軍側は六百十五機である。ここで留意すべきは艦船損失において米軍側は太平洋での残存空母二隻（エンタープライズ、ホーネット）のうち、エンタープライズが大破離脱、ホーネットが沈没して、太平洋における稼働空母がゼロとなったことである。空母をすべて失い、兵員損失数も航空機の損失数も艦船の損失数もほぼ互角で、一万名もの日本兵を無傷で取り逃がして一体何が大勝なのであろうか。ここにも米軍特有の〝勝った振りプロパガンダ詐欺〟を見て取れる。

ガダルカナルで敗北した日本軍の写真を戦後の七十四年間、我々は何度となく見せつけら

	日本軍	米軍
布陣数	36,200人（地上部隊のみ）	60,000人以上（地上部隊のみ）
戦死	19,200人 （内戦闘による死者8,500人）	7,100人
戦傷		負傷者7,789人以上
捕虜	1,000人	4人
艦艇損失	38隻	29隻
航空機損失	683機	615機
撤退	10,652人	

表２　ガダルカナルの戦い日米損害比較表

壊滅した第２師団（1942年10月25日）将兵の遺骸
ほぼ同数の米軍兵も米軍陣地側で戦死していた

壊滅した陽動部隊の住吉支隊（1942年10月24日、マタニカウ川河口）
ほぼ同数の米軍兵も米軍陣地側で戦死していた

れて来た。我々日本人はこれらの写真を見せつけられるたびに、日本軍の組織的欠陥、脆弱性、計画性のなさを思い知らされたものである。しかし本当に、ガダルカナルの日本軍はそこまで惨めになるほど弱かったのだろうか。表を見ての通り、日本軍の戦闘死は八千五百名である。それに対する米軍の戦闘死は七千百名、負傷者七千七百八十九人以上、合計一万四千八百八十九名以上の戦死戦傷を出している。実は不思議なことに日本軍と同レベルの損害を出しておきながら、米兵の遺体を撮った写真が一枚も見当たらないのである。戦場に放置された多数の日本兵とほぼ同数のアメリカ兵の遺体が米軍陣地の側に転がっていたはずで、米軍はその写真を撮っていたはずである。戦闘結果の分析に必要だからだ。日本兵の遺骸をここまで執拗に撮影していた米海兵隊写真部が、自国兵の死体写真を撮らなかったはずはない。その写真はいったいどこへ行ったのだ。

米軍は「勝った振り詐欺」をここでも演じていた。敵兵の遺体写真だけを提示して、味方が受けた損害を隠蔽すれば、あたかも「勝ち戦」であったかのような印象を国民に与える。

ガダルカナルの戦いは米国にとって初めて日本軍と互角に戦い合った作戦であった。そのことがよほど嬉しかったのであろう、太平洋におけるすべての稼働可能空母を失ったことを見れば米国側の劣勢であったのだが、この結果をなんとか「勝ち戦」にできないものかと企んだのが自国兵の戦死死体の写真非公開であり、「弱兵日本陸軍の惨めな撤退」を強調することであった。日本軍がガダルカナルから撤退したのは、弱兵だから撤退したのではない。ガダルカナル島は玉砕する価値がないと判断したからである。キスカ島撤収のように、当時の日本軍は死守すべき戦場については玉砕を命じるが、値しない戦場では撤収を命じていた。当時の日本軍にとって大東亜共栄圏の確立のためのインドネシアの独立とその防衛が最重要課題であって、隣接するソロモン諸島の小島などどうでも良かったのである。海軍が勝手にソロモン諸島に手を出して、負けそうだからと救援を頼んできたからそれに応えただけで、帝国陸軍の主戦場はあくまでも大東亜共栄圏確立がかかった東亜大陸地域であった。それゆえ、ガダルカナルから撤収させた部隊は、独立化対象地域へと再編投入された。まさに〝転進〟だったわけである。

米軍がソロモン諸島ガダルカナル島で日本軍を相手に戦力と時間を浪費していた頃、ビルマでは独立準備が着々と進められていた。そして　昭和十八年八月一日、バー・モウを首班としてビルマ国が独立。大日本帝国と枢軸国はただちに国家承認。アウンサンをビルマ国国防相に任命、ビルマ防衛軍をビルマ国民軍に改組し、ビルマ国が連合国に対して宣戦を布告した。

ガダルカナルで痛み分けとなって、同時に援蔣ルートの要衝ビルマを失って、どこが戦勝国なのだろうか。それでも「大勝利した」と言い張るなら、米国は「マヌケ国家」としか言いようがあるまい。

ガダルカナルなどという南太平洋の小島に、六万余の将兵と大艦隊を派遣している余力があるなら、その部隊をインド洋ベンガル湾にでも派遣していれば、米国の盟邦である大英帝国からビルマ領が脱落することを防げたかもしれない。しかし、ルーズベルトは盟友であるチャーチルを見捨てて、ガダルカナルで無駄な消耗戦を続けていた。

ガダルカナル戦の最中、ルーズベルトは全米にラジオ放送で次のように語りかけている。

「日本軍は愚かにも米国が仕掛けた〝ソロモン諸島での消耗戦という罠〟に引き摺り込まれ、

無益な損失を重ねている。これは米国が仕掛けた罠である。日本軍が戦力を損耗させているあいだ、アメリカは兵器生産に拍車をかけており、この状態が続けば遠からず勝利はアメリカに転がり込む」。

ルーズベルトは自分がどういう状態に置かれているかをよく理解していなかったようである。なぜなら、罠にかけられていたのは米軍であったからだ。後述するが、日本軍にとって太平洋戦域は米軍を島嶼戦に引き摺り込み消耗させるための陽動囮作戦で、主戦場は大東亜共栄圏確立がかかる東亜大陸であった。

次に戦前から大日本帝国によって計画されていたビルマ独立への経緯を見てみる。詳細については拙著『大東亜戦争の開戦目的は植民地の解放だった』(展転社刊)を参照されたい。

初代ビルマ国の首相に就任したバー・モウは日本軍によるビルマ独立を次のように語っている。

「真実のビルマ独立宣言は、一九四八年一月四日ではなく、一九四三年八月一日に行われたのであって、真実のビルマ解放者はアトリー氏とその率いる労働党政府ではなく、東條大将と大日本帝国政府であった」。

前述した通り、昭和十五年九月、外務省では英国官憲により緬甸(ビルマ)から国外追放となった海軍予備役大尉国分正三氏を招いて陸軍、参謀本部、海軍軍令部の担当官が参集して、国分氏起草の緬甸独立企画草案が協議されていた。その結果、緬甸の独立工作は可能であるとの結論に達していた。その一方で帝国陸軍は、独自に緬甸独立工作の可能性を探ってもいた。担当官は帝国陸軍鈴木敬司大佐である。

昭和十五年六月、鈴木敬司大佐は偽名を使ってラングーンに入り、反英独立派と接触した。そこで鈴木敬司大佐は独立活動家のアウンサンたちが支那福建省アモイに潜伏していることを知り、十一月に日本へ招いた。

昭和十六年二月一日、鈴木大佐を機関長とする大本営直属の特務機関「南機関」が正式に発足した。さしあたり対外的には「南方企業調査会」との偽称を用いることとした。

鈴木大佐は南機関の本部をバンコクに置くと、ビルマ独立運動家の青年三十名を密かに国外へ脱出させ、海南島において軍事訓練を施す計画を立案した。そして訓練終了後、彼らに武器と資金を与えて帰国させ、昭和十六年六月を目処に対英武装蜂起をさせる予定であった。

海南島に移された青年たちは、帝国陸軍式の過酷な訓練に耐えながら武装蜂起する日を待っていたのだが、夏が過ぎても指示は出されなかった。日米関係がいよいよ怪しくなり、ビルマの単独独立どころか、対米英蘭との開戦による東南アジア全体の解放戦争が

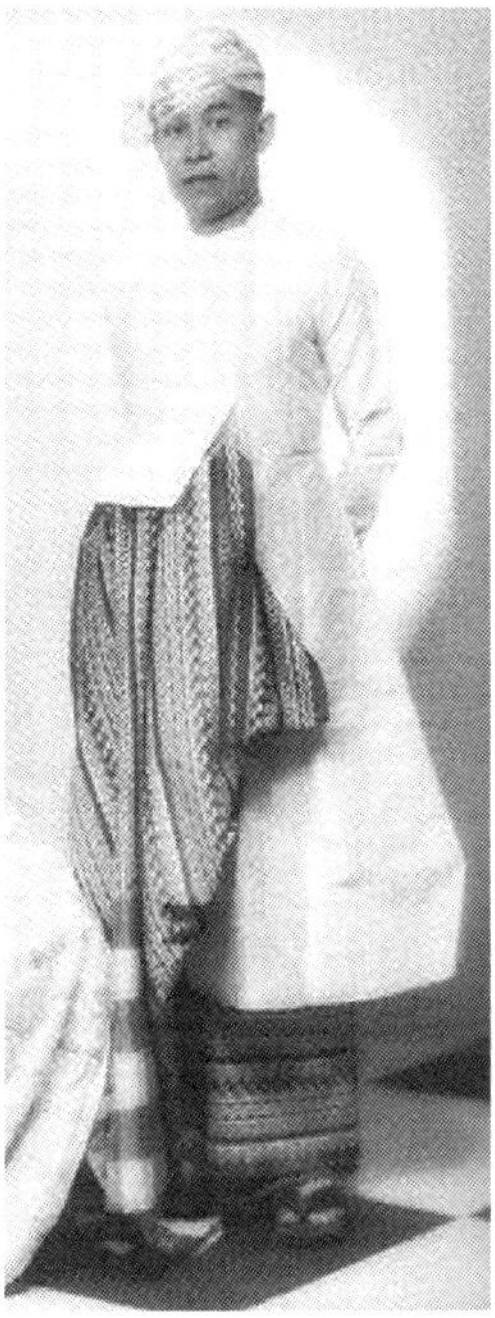
初代ビルマ国首相
バー・モウ

勃発する可能性が出てきたからである。「待て」がかかった状況となったのだ。

十二月八日、大東亜戦争が開始されると同時に、日本軍第十五軍（軍司令官：飯田祥二郎中将、第三十三師団および第五十五師団基幹）はタイへ進駐し、南機関も第十五軍指揮下に移り、タイ在住のビルマ青年たちに合流を呼びかけた。

十二月二十八日、「ビルマ独立義勇軍」（Burma Independence Army, BIA）がバンコクにて結成された。鈴木大佐がＢＩＡ司令官となり、ビルマ名「ボーモージョー」大将を名乗った。ＢＩＡには「三十人の同志」たちのほか、将校、下士官、軍属など七十四名の日本軍人も加わり、ＢＩＡ独自の階級も設定された。発足時のＢＩＡの兵力は百四十名、幹部は次の通りであった。

司令官—ボーモージョー大将（鈴木大佐）
参謀長—村上少将（野田大尉）
高級参謀—面田少将（アウンサン）
参謀—糸田中佐（ラミヤン）
参謀—平田中佐（オンタン）
ダヴォイ兵団長—川島中将（川島大尉）
水上支隊長—平山大佐（平山中尉）

30 人の同士
下段右から三人目（ビルマ人の衣装を着ている）が鈴木敬司大佐

海南島三亜で軍事訓練に励む30 人のビルマ青年

ビルマの首都ラングーンに入場して市民の歓迎を受けるビルマ独立義勇軍
騎乗しているのは鈴木啓司帝国陸軍大佐

昭和十七年三月八日、日本軍がラングーンを占領
英国による植民地支配の牙城であるビルマ総督府前で万歳を三唱する日本兵。

日本軍第十五軍はタイ進駐に引き続きビルマへの進攻作戦に移り、ＢＩＡも共にラングーンへ向け進撃を開始した。昭和十七年三月八日、日本軍はラングーンを占領。英国による植民地支配は終了し、同年二月十七日におけるシンガポール陥落に続き、大英帝国は崩壊した。

帝国陸軍はただちに軍政を敷くと同時に、独立準備に取りかかった。当初、アウンサンらは日本軍がビルマを占領すればただちに独立政府がつくられ、自分たちが権力を握るものと期待していたが、日本軍は性急な権力委譲は避けた。なぜなら行政経験などまったくないビルマ青年たちに統治を任せれば、混乱を招くだけでなく、旧宗主国の英国諜報機関に誑《たぶら》かされて、独立そのものを危うくすることも危惧されたからである。さらに、ビルマは多民族ゆえ、民族間の和合も必要であった。

日本軍は西隣のインドへ追いやった英軍に睨みをきかせる一方、ビルマ北方に布陣する蔣介石軍への米英補給ルート（援蔣ルート）を遮断しつつ、軍政から民政への移行を着実に進めていた。そして一年と六ヶ月後の昭和十八年八月一日、ビルマ国が独立し、日本軍による軍政は解除された。ドイツ、タイ王国など枢軸国はただちに新生ビルマ国を国家承認した。

このように、米軍がガダルカナル島でたった三万の日本軍に倍の六万もの兵力を投入して手子摺っている間、ビルマでは独立体制が着々と醸成されていたのである。

ビルマの解放と独立、現地住民の武装化は二度と英国植民地に戻ることはないことを意味していた。それゆえ、戦後に再植民地化を狙って戻ってきた英軍に対して、ビルマ政府はビ

三八式歩兵銃を用いて射撃訓練中のビルマ国軍少年兵
戦闘帽には「ビルマ国軍」識別のため白線がいれられている

昭和18年8月1日に独立したビルマ国の国旗

国旗を掲げるビルマ国軍

ルマ領内からの退去を要求し、もし要求に応じない場合はビルマ国軍が英軍を攻撃することを通告した。その結果、英国は旧宗主国としてもビルマの独立を認めざるをえなくなったのである。

　ビルマに配置された日本兵は三十三万、うち十九万が祖国の大地を二度と踏むことはなかった。ビルマの独立とは、十九万もの日本兵の血によって獲得されたものである。十九万英霊の戦死がなければ、ビルマ独立はありえなかった。これが歴史の事実である。

　昭和十八年八月一日に挙行されたビルマの独立はその六ヶ月後、インド・アッサム地方の占領とそれによるインド独立を目指すインパール作戦へと繋がっていく。ガダルカナルという小島を確保しても、ビルマを失陥してどこが大勝利なのであろうか。

昭和二十年三月、英国に誑かされたアウンサンは日本軍を裏切り、英国側に寝返りクーデターを起こした。首相のバー・モウはタイへ逃れ、日本軍の司令部もタイへ移動した。その時の日本軍幹部の反応である。

「帝国陸軍に刃向かうとはあっぱれ、これでビルマの独立は安泰であろう」。

アウンサンはその二年後、旧イギリス総督府で政敵に暗殺された。三十二歳だった。英国に寝返ったことで、独立維持が危うくなったと見なされたからである。やはりここでも「裏切り者に明日はなかった」のである。英霊は裏切り者を許しはしなかったということである。

3　カイロ宣言は実現せず、大東亜宣言は実現

カイロ会談

昭和十八年十一月二十二日から二十六日にかけて、エジプトの首都カイロでは米国大統領フランクリン・ルーズベルト、英国首相ウィンストン・チャーチル、支那重慶政府主席蔣介石の三名が集い、カイロ会談が行われた。会談の目的は、大日本帝国が無条件降伏した後の「取り扱い」を協議することであった。ルーズベルト、チャーチル、蔣介石の三名は頼まれても

いないのに、わが国の将来について心配してくださっていたのである。ありがたいことではないか。

それでは、その会談の結果であるカイロ宣言を見てみよう。

1　三大同盟国（米英支）は海路陸路及び空路に依り其の野蛮なる敵国に対し呵責なき弾圧を加ふるの決意を表明せり。右弾圧は既に増大しつつあり。

2　三大同盟国は日本国の侵略を罰するため今次の戦争を為しつつあるものなり、右同盟国は自国の為に何等の利得をも欲求するものに非ず。又領土拡張の何等の念をも有するものに非ず。

3　右同盟国の目的は日本国より一九一四年の第一次世界戦争の開始以後に於て日本国が奪取し又は占領したる太平洋に於ける一切の島嶼を剥奪すること並に満洲、台湾及澎湖島の如き日本国が清国人より盗取したる一切の地域を中華民国に返還することに在り。

4　日本国は又暴力及貪慾に依り日本国の略取したる他の一切の地域より駆逐せらるべし。

5　前記三大国は朝鮮の人民の奴隷状態に留意し、やがて朝鮮を自由且独立のものたらしむるの決意を有す。

6　右の目的を以て右三同盟国は同盟諸国中日本国と交戦中なる諸国と協調し、日本国の無条件降伏をもたらすに必要なる重大且つ長期の行動を続行すべし。

大東亜会議

昭和十八年十一月六日、東京にて大東亜会議が開催された。出席者は、

大日本帝国：東條英機内閣総理大臣

中華民国（南京）国民政府：汪兆銘行政院長

満洲国：張景恵国務総理大臣

フィリピン共和国：ホセ・ラウレル大統領

ビルマ国：バー・モウ内閣総理大臣

タイ王国：ワンワイタヤーコーン親王

インド：チャンドラ・ボース自由インド仮政府首班

そして同日、次に示す大東亜宣言が採択され、世界に発表された。

大東亜共同宣言

そもそも世界各国が各々其の所を得、相寄り相助けて万邦共栄の楽を共にするは世界平和確立の根本要義なり。然るに英米は自国の繁栄の為には他国家、他民族を抑圧し、特に大東亜に対しては飽くなき侵略搾取を行い、大東亜隷属化の野望を逞しうし、遂には大東亜各国は相提携して大東亜戦争を完遂し、大東亜を英米の桎梏より解放して、その自存自衛を全う

し、左の綱領に基き大東亜を建設し、以て世界平和の確立に寄与せんことを期す。

一、大東亜各国は協同して大東亜の安定を確保し、道義に基く共存共栄の秩序を建設す

一、大東亜各国は相互に自主独立を尊重し互助敦睦の実を挙げ、大東亜の親和を確立す

一、大東亜各国は相互に其の伝統を尊重し、各々民族の創造性を伸暢し、大東亜の文化を高揚す

一、大東亜各国は互恵の下緊密に提携し、其の経済発展を図り、大東亜の繁栄を増進す

一、大東亜各国は万邦との交誼を篤うし、人種的差別を撤廃し、普く文化を交流し、進んで資源を開放し以て世界の進運に貢献す。

大東亜会議に出席した各国首脳
前列左端がビルマ軍の軍装姿のバー・モウ。続いて、張景恵、汪兆銘、東條英機、ナラーティップ・ポン・プラパン、ホセ・ラウレル、スバス・チャンドラ・ボース

カイロ会談
左から蒋介石、ルーズベルト、チャーチル

表に、カイロ宣言の各項目について歴史結果を検証する。

項目	歴史結果
1　連合国は敵国に対し呵責なき攻撃を加ふるの決意を表明せり右弾圧攻撃は既に増大しつつあり。	蒋介石はカイロ会議のあと、日本軍が発動した「大陸打通作戦」の呵責なき攻撃で大損害を出し、降伏直前まで追い詰められ、勝手に日本と和平交渉を始めた。 英国もカイロ会議の直後、日本軍が発動した「インパール作戦」により日印合同軍以上の損害を出し、インド独立を不可避とされてしまった。 米国は呵責なき神風特攻で大損害を出したため、日本本土上陸を放棄し、核兵器を使用、自国の歴史に人類史上最大の汚点を刻んだ。
2　連合国は戦後に領土拡張に加わることはない。	領土の拡張どころか、領土の現状維持にも失敗した。 蒋介石（中華民国）：支那大陸の共産化により台湾逃亡（一九四九年十二月）。 チャーチル（大英帝国）：一九四七年に起きたインド独立を切っ掛けに大英帝国は崩壊消滅。

	ルーズベルト（米国）：フィリピン植民地を完全喪失、ルーズベルト本人も終戦を視ることなく逝去（一九四五年四月十二日）された。
3　日本が清国から奪い取った領土はすべて中華民国に返還されなくてはならない。	日本は返還したが、その領土は支那共産党の毛沢東に横取りされた。まことに残念であった。
4　日本が占領した地域から日本軍は追放されなくてはならない。	日本軍は占領地域（欧米植民地）から撤退したが、その地域は独立国家として独立させられていた。
5　朝鮮は適当な時に自由と独立を得る。	朝鮮半島は戦後南北に分断され自由と独立どころか朝鮮戦争勃発により、米国兵と軍属、民間人を合わせ約七万人が死亡、朝鮮人数百万人が死亡。朝鮮戦争は休戦中だが、元大日本帝国であった半島の北半分が米国を核ミサイルの射程内に収め、脅迫中である。
6　連合国は日本国の無条件降伏をもたらすに必	自らポツダム宣言という有条件降伏を求めて来たから無条件降伏は実現できなかった。残念であった。

要なる重大且つ長期の行動を続行すべし。

大東亜宣言各項目とその歴史結果について

項目	歴史結果
一九六一年にタイ、フィリピン、マラヤ連邦（現・マレーシア）の三か国が結成した東南アジア連合（Association of Southeast Asia, ASA）を前身としてＡＳＥＡＮ（東南アジア諸国連合）が一九六七年に結成され、同時に発せられた「バンコク宣言」によって大東亜宣言によって唱えられた各項目は支那韓鮮の特亜三国を除くすべての東亜各国においてすべて実現せられた。	
大東亜各国は協同して大東亜の安定を確保し、道義に基く共存共栄の秩序を建設す。	上記項目は支那韓鮮の特亜三国を除くすべての東亜各国において確立された。
大東亜各国は相互に自主独立を尊重し互助敦睦の	上記項目は支那韓鮮の特亜三国を除くすべての東亜各国において確立された。

実を挙げ、大東亜の親和を確立す。	
大東亜各国は相互に其の伝統を尊重し、各々民族の創造性を伸暢し、大東亜の文化を高揚す。	上記項目は支那韓鮮の特亜三国を除くすべての東亜各国において確立された。
大東亜各国は互恵の下緊密に提携し、其の経済発展を図り、大東亜の繁栄を増進す。	上記項目は支那韓鮮の特亜三国を除くすべての東亜各国において確立された。
大東亜各国は万邦との交誼を篤うし、人種的差別を撤廃し、普く文化を交流し、進んで資源を開放し以て世界の進運に貢献す。	上記項目は支那韓鮮の特亜三国を除くすべての東亜各国において確立された。

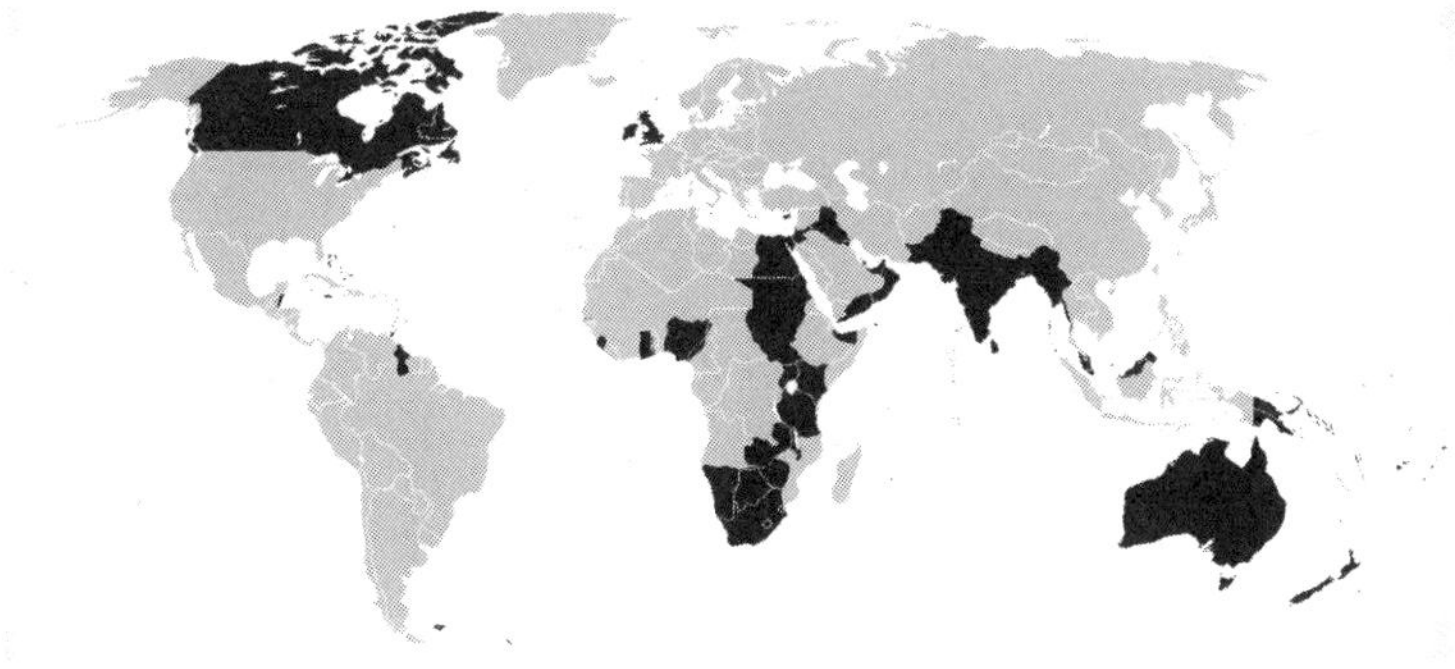

大東亜戦争以前の大英帝国の版図

比較表で見れば、カイロ宣言と大東亜宣言のいずれが歴史的に実現されたかは明らかである。

驚くべきことはチャーチル（英国）もルーズベルト（米国）も、カイロ会談の前に自国領土を喪失、または独立させられていたことである。英国はマレー、シンガポールを占領され、ビルマと自由インドが独立。米国も〝打ち出の鼓〟だったフィリピン植民地を日本軍により独立させられていた。

呑気にエジプトでピラミッド見学などしている場合ではなかろうと思うのだが、彼らはこの段階においても日本を打ち負かせば植民地は自動的に戻ってくると構えていたのである。あまりに楽観的である。米英指導者は、ここまでアジア人を舐めていたのだ。開戦から二年を経て、アジア経営の拠点であるシンガポールが陥落し、インド亡命政権が設立され、米国最大の海外領土であったフィリピンが独立させられているのに、この楽観ぶりはどこから来るのだろうか。失った植民地など簡単に回復できると舐めきっていたのである。白人優越主義のなせる技である。

大東亜戦争後1980年代の大英帝国の版図（海外島嶼部を除く）

大英帝国の戦前と戦後の領土面積を比較してみよう。ウィキペディアから二葉の世界地図を引用する。大東亜戦争後に人類史上最大の植民地帝国であった大英帝国が地球上から消滅したことがこの図から明らかとなる。

カイロ宣言とは「絵に描いた餅」であり「捕らぬ狸の皮算用」であった。何が悪かったのか。カイロ会議に支那人を招いたのが間違いだった、支那人は中華餅を好む。特に「絵に描いた餅・画餅」という種類の餅を好むからだ。

4　マリアナ沖海戦の頃、インド独立は決定的となっていた

インパール作戦の目的は、インドの独立であった。昭和二十二年八月十五日、インドが独立。これによって、日本軍とインド国民軍からなるアジア合同軍は、インパール作戦から三年後に作戦目的を達成した。

シンガポール陥落後に元英印兵有志を募って結成されたインド国民軍部隊が、史上初めて

インド独立を目指してインド領内へ侵攻したインパール作戦を、インドでは「第二次インド独立戦争」と呼んでいる。この作戦がインド国民に与えた影響は計り知れない。戦後、インドへ戻った元インド国民軍兵士たちは独立運動の先頭に立ち、その結果、インド国内では反英国騒乱が勃発し（英国海軍艦艇までインド人に占拠された）、英国は植民地経営を諦めざるを得なくなった。独立に当たっては昭和十八年に設立されたチャンドラ・ボース麾下《きか》の自由インド仮政府の国旗が、独立した新生インド国旗にほぼそのまま採用された。

インパール作戦はインド独立運動に火をつけ、その火は独立完遂にまで炎上、昇華した。よって、インパール作戦で作戦目的を達成したのは、日本軍とインド国民軍からなるアジア合同軍であり、英国軍ではない。

インパール作戦が大失敗であったなどという話は戦後に捏っち上げられたプロパガンダである。白人軍を強く見せるために捏造された虚構である。それほど英国軍が強かったら、なぜ英国のＧＤＰの三十パーセント以上を占めるインドを失ったのだ。なぜ植民地であるビルマ、マレー、シンガポールを失ったのだ。東南アジアでも支那大陸でも、米英軍は日本軍に惨敗だったのだ。

「インパール作戦が無謀な作戦だった」という話もお笑いである。目的を達成した作戦のどこが無謀なのだろうか。インパール作戦は、英国にとっては無謀であった。なぜなら、アジア合同軍以上の戦死傷病者を出しているからだ。彼我《ひが》の損害を比較してみよう（ウィキペ

	アジア合同軍（インド国民軍、日本軍）	英軍
参加戦力	92,000	150,000
戦死傷	26,000	17,500
戦病	30,000以上	47,000（第33軍団のみ）

ディアより引用）。

また、インパール作戦後の１９４４年後半の英軍の損害について、ルイ・アレンは著書にてレイモンド・キャラハンの引用として、英軍第33軍団は１９４４年７月から11月まで日本軍を追撃したが、７月から11月まで週平均兵力８万８５００人が投入されたうち、インパール以遠で日本軍を追撃できたのほぼ半数であり、２万人を超えるマラリア患者を中心に４万７０００人の戦病者が発生し、死傷病者は５万０《ママ》３００人にも上り、そのうち作戦中の死者はたった49人であった。病気になった４万７０００人の半分以上はインドへと後方移送しなければならなかった。メパクリン（抗マラリア薬）を備えていても、マラリアの症例が２万人を超えていると書いている。

インパール作戦が大失敗であったなどというのは、戦後にＧＨＱと反日マスコミが捏っち上げたプロパガンダである。インパールで負けたのは英国である。なぜなら、インド独立阻止という作戦目的を喪失しているからだ。

牟田口廉也中将とインパール作戦参加将兵はインド独立の英雄であると同

時に、日本の高度経済成長を確約してくれた英雄でもある。なぜなら、戦後に独立したインドは、日本が必要とする綿花、石炭、鉄鉱石を英国に気兼ねすることなく輸出してくれたからだ。戦後、日本の高度成長は繊維産業の興隆から開始されたが、その原料となった綿花のほとんどがインド、パキスタン産だったのである。

〝白骨街道〟こそインド独立――東亜解放への道であったということだ。

参考：白骨街道とは

インパール攻略に失敗した日本軍が退却する際、多くの日本兵が飢えと病気から死にいたり、退却路に白骨死体を残した。そのため、以後その退却路を「白骨街道」と呼ぶようになった。チャンドラ・ボースとインド国民軍の写真を数葉挙げておく。

自由インド仮政府首班
スバス・チャンドラ・ボースとインド国民軍女性兵士部隊

日本軍と共にインパールへ向け進撃するインド国民軍
掲げているのは自由インド仮政府国旗

1943 末、休憩時、木庭支隊将校と談笑するインド国民軍将兵
ユマ半島カラダンにて

インドビルマ国境で万歳三唱する日本兵とインド国民軍将兵

ビルマ山岳地帯を行く日本軍像部隊

5　米国、サイパン勝利の頃、支那大陸では日本軍の大陸打通作戦に大敗北

大陸打通作戦についてウィキペディアに詳述されているので引用する。

大陸打通作戦（たいりくだつうさくせん、英語 operation ichi-go）は日中戦争中の１９４４年（昭和19年）４月17日から12月10日にかけて、日本陸軍により中国大陸で行われた作戦。正式名称（日本側作戦名）は一号作戦。その結果発生した戦闘についての中国側呼称は豫湘桂会戦。前半の京漢作戦（コ号作戦）と後半の湘桂作戦（ト号作戦）に大きく分けられる。

日本軍の目的は当時日本海軍の艦船や台湾を攻撃していた爆撃機を阻止するために、

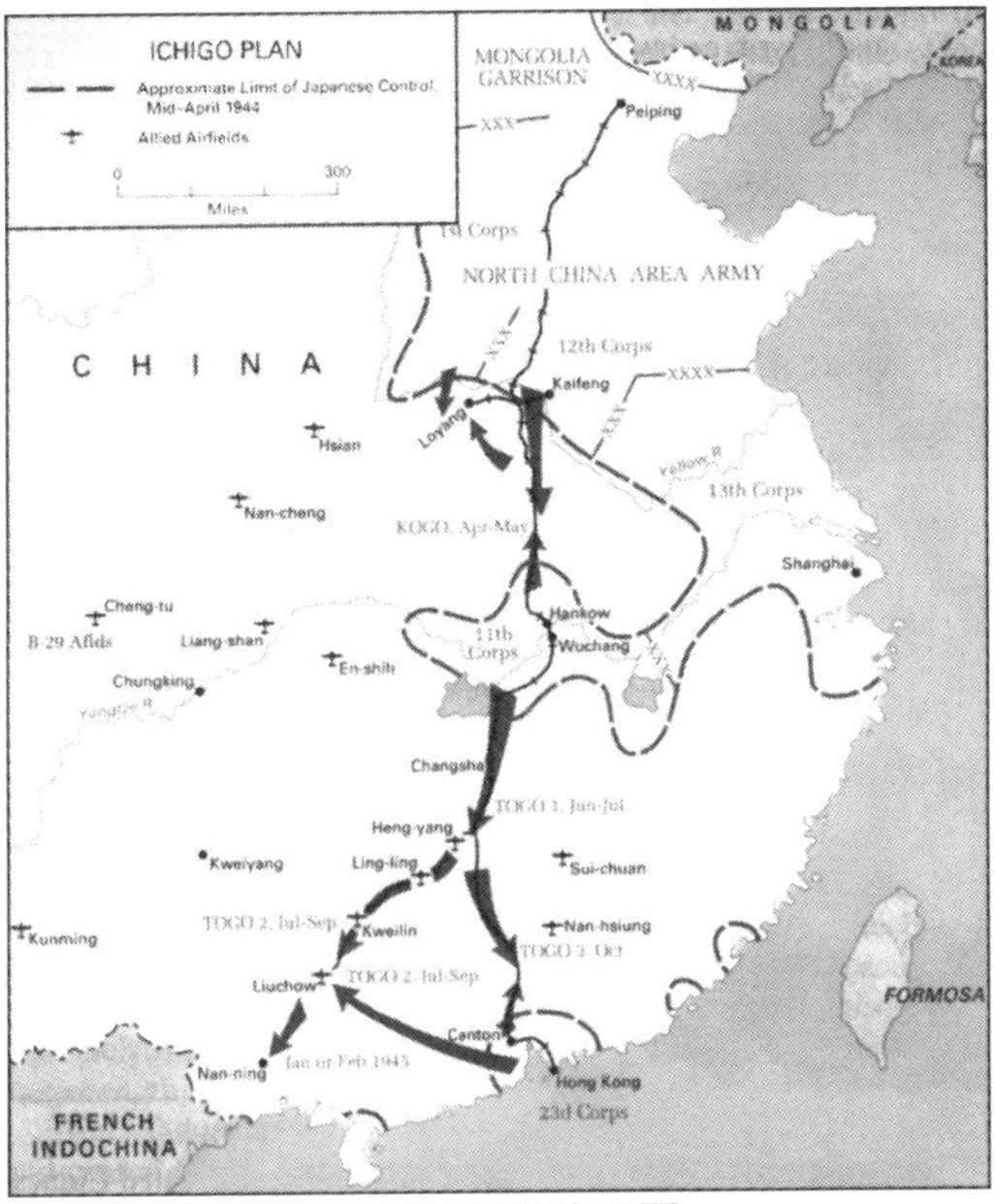

日本軍作戦計画図

進軍する日本軍の機甲部隊

中国内陸部の連合国軍の航空基地を占領することと、日本の勢力下にあるフランス領インドシナへの陸路（大東亜縦貫鉄道）を開くことであった。日本側の投入総兵力50万人、８００台の戦車と７万の騎馬を動員した作戦距離２４００kmに及ぶ大規模な攻勢作戦で、日本陸軍が建軍以来行った中で史上最大規模の作戦であった。

	日本軍	連合軍
参加戦力	兵員：500,000 火砲：1,500 戦車：800 自動車：12,000 馬：70,000	兵員 1,000,000
損害	戦死・戦病死者：100,00	死傷者：750,000 捕縛捕虜：40,598 損失火砲：6,723 損失航空機：190

参加戦力と損害の比較表

彼我の参加戦力と損害を比較してみる（上表）。

大陸打通作戦において日本軍に敗北した蔣介石は、日本との和平の道を探りはじめた。このままでは重慶政府の維持は難しいと判断したからである。

一方、在支米軍はどうだったか。これがくせ者であった。欧州戦線と太平洋戦線で手一杯の米国は、支那大陸には劣悪な兵士しか送れなかったのである。当時の日本兵の手記によれば、在支米陸軍航空隊には多くの女性パイロットが航空機を操っていたと記されている。大陸打通作戦で米支軍の航空損失が大きいのはそのせいであろう。

在支米軍の指揮官であったジョセフ・スティルウェル将軍は蔣介石の無能ぶりと軍の腐敗堕落ぶりをルーズベルトに報告してい

る。このような米支連合軍だから、特攻玉砕をも厭わない精鋭日本軍に勝てるはずはなく、その結果、連合軍側の支那前線はビルマ国境付近を除けば総崩れとなっていたのである。

ビルマ国境付近を除けばというのは、そこに布陣した米支合同軍は、米軍装備と米軍訓練を受けた〝雲南遠征軍〟と呼ばれる米支軍の中の最精鋭部隊であったからだ。雲南遠征軍は昭和十九年六月から九月にかけて、北部ビルマを守る日本軍守備隊と死闘を繰り広げた。拉孟の戦いと騰越の戦いである。

両陣営の兵員配置と損害をウィキペディアから比較してみる（上表）。

日本軍兵員数	2,800
米支軍兵員数	49,600
日本軍損害	戦死2,800
米支軍損害	戦死9,168 戦傷10,200
日本兵1人当たりの敵兵殺傷数	6.9名

拉孟の戦い（1944年6月2日～9月7日）

日本軍兵員数	1,300 （うち傷病兵300）
米支軍兵員数	20,000
日本軍損害	戦死1,300
米支軍損害	戦死4,000 戦傷3,774
日本兵1人当たりの敵兵殺傷数	6.0名

騰越の戦い（1944年6月27日～9月13日）

表を見れば明らかな通り、拉孟、騰越の両作戦では合わせて四千百名の日本兵を倒すのに、米支軍は二万七千百四十二名もの兵士が戦死・戦傷した。一人の日本兵を倒すのに六・六二名の米支兵が死傷した。火力に勝る米支軍は日本軍陣地に対して砲爆撃を繰り返していた。日本軍は地下壕に籠もりながら戦い、弾薬が尽きると刀と銃剣で戦い、また敵の武器を奪って戦ったのちに玉砕した。

この雲南派遣部隊は米支合同軍の最精鋭であったと前述したが、最精鋭にしてこの程度である。支那大陸における連合軍の弱兵ぶりを窺い知ることができる。

大陸打通作戦で大敗を期すのも当然である。米軍は昭和十九年の春から夏にかけて行われた太平洋マリアナ諸島での戦いを〝大勝〟したとしているが、同じ時期に支那大陸では大陸打通作戦と拉孟、騰越の戦いで八十二万名もの戦死、戦傷、捕虜を発生させていたのである。どこが戦勝国なのだ。

昭和十九年といえば「日本は敗色が濃くなり」などと形容されるが、その実態は太平洋では島嶼の占領を巡って、日本軍はテニアン島、グアム島、ペリリュー島、トラック環礁などで米軍と消耗戦を戦い、米軍主力を東亜大陸に上陸させないよう陽動作戦を繰り返していた。そして、大陸では米支合同軍を撃滅しながら、残る独立対象地域であるインドシナ半島とインドネシアの独立準備に全力を挙げていたのである。

太平洋の島嶼戦だけを切り取り、そこにスポットライトを当ててクローズアップすれば、あたかも昭和十九年の春から秋にかけては連合軍が大勝し、日本とアジア合同軍（インド国民軍、ビルマ国軍、汪兆銘国府軍他）は大敗北を期していたかのような錯覚を与える。しかし、歴史データを科学的に分析すれば、その分析結果は逆の結論を導き出すのである。

昭和十九年は日本軍による太平洋陽動囮作戦が成功し、米軍が太平洋の島々などへの攻撃と占領に手子摺っている間に、東亜大陸ではその前年に独立を果たしたビルマ、自由インド、フィリピンがその独立を確たるものとし、インドネシア、ベトナム、カンボジア、ラオスが独立への準備を終わりつつある年であった。

大陸打通作戦で敗北し、拉孟、騰越で大損害を出した米英支軍には、さらに東南アジアへの南下を続けて、ビルマ、タイ、マレー、インドシナ、インドネシアという東亜地域から日本軍を追い出し、再占領して、日本軍が東南アジア各国に与えた独立ないし独立準備を帳消しにする余力など喪失していたのである。

拉孟の戦いで日本軍を攻撃する米支軍

頼みの米国海軍（海兵隊を含む）は、太平洋の小島で日本軍玉砕部隊に遊ばれていた。米国海軍がそれほど強いのなら、なぜ大陸打通作戦阻止のために支那沿岸地域へ空母部隊を派遣しなかったのか。派遣していれば、大英帝国の崩壊を防げたかもしれない。要するに、弱体だったから大英帝国の消滅を防げず、仏領インドシナの独立を防げず、インドネシアの独立を防げなかったのである。

ここにも勝ち戦のみにスポットライトを当ててクローズアップすることにより、「勝った振り」を演出する米国特有の「勝った振り詐欺」を見ることができる。

6　硫黄島での戦いの頃、インドシナ三国がフランスから独立

連合軍が硫黄島という小笠原諸島の小島の占領に手子摺っていた頃、インドシナ半島ではフランス・インドシナ政府が日本軍によって解体され、植民地化される前の独立国家が復活していた。ベトナム、ラオス、カンボジアというインドシナ三国が独立を勝ち取っていたのである。

ベトナムの独立

昭和二十年三月九日、在仏印日本軍は「明号作戦」を発動し、フランス植民地政府を解体（仏印処理）し、現地フランス軍を武装解除した。そしてバオ・ダイを皇帝として、ベトナム帝国を独立させた。その後、八月十三日にベトミン指導者ホーチミンは、八月十五日に日本軍が降伏予定であるとの情報を取得、ベトナム全土のベトミンに対して一斉蜂起を指示すると同時に、皇帝バオダイに対し退位を要求。バオダイはそれを認め、ベトナム民主共和国が誕生した。そしてベトナムは、残留日本兵の指導のもと、対フランス独立維持戦争（第一次

ベトナム帝国初代皇帝バオダイ

初代ベトナム民主共和国首相ホー・チ・ミン

カンボジア王国国王シアヌーク

インドシナ戦争）へ突入していく。

カンボジアの独立

昭和二十年三月十二日、現地日本軍はシアヌークを国王としてカンボジア王国を独立させた。

昭和二十年三月、インドシナ半島に進駐していた日本軍によってフランス軍が駆逐され、フランスの植民地政府が解体されると、国王シアヌークは隣国ベトナム（首班：バオ・ダイ）、ラオス（首班：シーサワーンウォン）と相前後して、カンボジアの独立を宣言した。

ラオスの独立

昭和二十年四月八日、現地日本軍はシーサワーンウォンを国王として、ラオス王国を独立させた。当時のラオスは交通不便な山地であったため、日本側の渡辺耐三領事がラオスの首都ルアンパバーンのラオス王宮にたどり着き赴任したのは、三月二十日頃、渡辺領事は国王にフランス軍を駆逐したことを伝えたが、シーサワーンウォンは当初はこれを信じな

擂鉢山頂上に星条旗を立てる米海兵隊員
このときインドシナ半島では日本軍の協力によりインドシナ３国が独立、フランスの植民地経営は崩壊へ向かっていた。

ラオス国王シーサワーンウォン

仏領インドシナの版図
この小さな島を獲得したとき下図に示すインドシナ半島を失っていた。
（ウィキペディアより）

硫黄島全景

かった。しかし、四月七日に日本軍部隊が首都ルアンパバーンに到着し、その姿を見るにいたって、ようやく領事の言葉を信じ、翌八日に「独立宣言」を発した。

昭和二十年三月、米海兵隊は硫黄島の擂鉢山頂上に星条旗を立て、二十四平方キロの島を「取った取った、勝利した」とはしゃいでいたとき、連合国フランスは総面積が七十四万平方キロもあり、硫黄島の面積の三万倍以上の面積がある虎の子の植民地、仏領インドシナを失っていたのである。

連合国にお聞きしたい。いくらB29爆撃機の避難場所であり、護衛戦闘機の基地として使う予定であっても、面積二十四平方キロの小島を得るために、七十四万平方キロの領土を失うことがそれほど喜ばしいことなのか。不思議な脳をお持ちである。

7　対日戦勝を祝っていた頃、インドネシアが独立を宣言

昭和二十年八月十七日、その二日前に発せられた大日本帝国のポツダム宣言受諾報道に、オランダ市民は街頭へ繰り出し歓喜していた。しかし、同日午前十時、オランダ最大の植民地であった蘭領インドネシア（インドネシア）では、日本軍政当局と独立指導者であるスカルノ、ハッタらが共同で起案した独立宣言文を、スカルノが読み上げていた。この独立宣言から四年後、巨大なる植民地帝国であったオランダ王国はその領土面積の九十八パーセントを

喪失し、弱小国家へと転落した。今では風車とチューリップが売り物の観光国家に身を落としている。このオランダの、どこが戦勝国なのだ。

それでは戦前の領土面積と戦後の領土面積を比較しよう（ウィキペディアより）。

戦前の領土面積
1961万平方キロ（世界ランク15位）

戦後の領土面積
4・2万平方キロ（世界ランク131位）

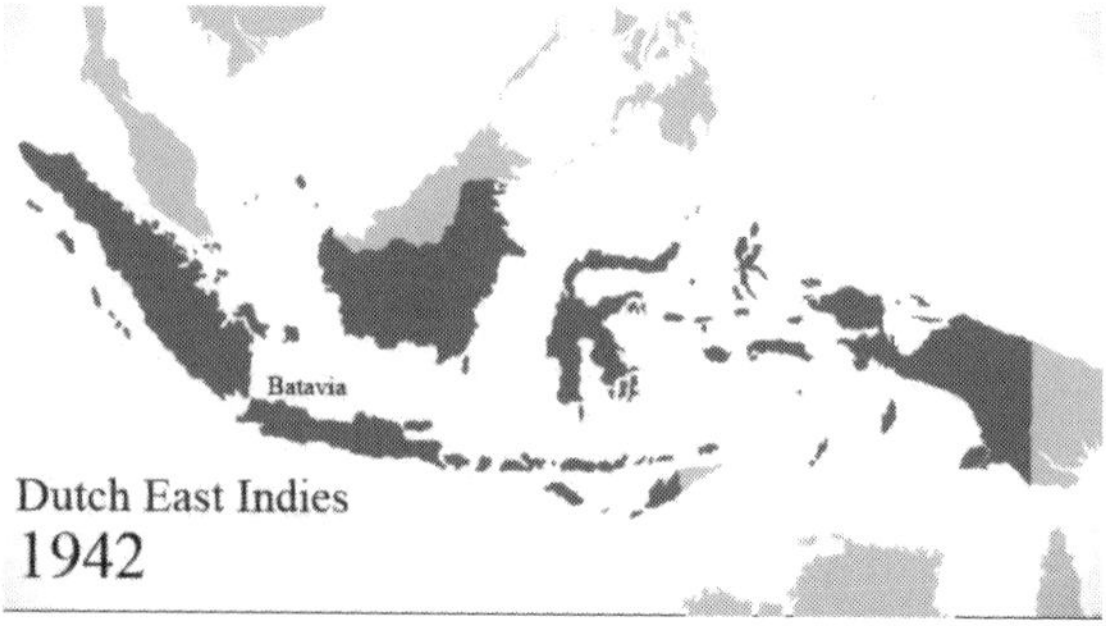

1942年の日本に占領される以前の領土の拡大を示すオランダ領インドネシアの地図

インドネシアの独立宣言にいたる経緯を解説する。

日本軍は昭和十七年二月二十八日、ジャワ東北部に上陸作戦を敢行し、オランダ領東インド（インドネシア）の解放作戦に着手した。東條首相はシンガポール陥落にあたってのラジオ演説で、インドネシア独立派から派兵要請が寄せられていると語っていたが、そのラジオ演説とほぼ同時に、日本軍はジャワ島への上陸を敢行していたこととなる。

昭和十七年三月五日—七日、日本軍はバタビア（現ジャカルタ）を占領し、ただちにインドネシア独立運動の志士であったスカルノ、ハッタなどを牢獄から解放し、空いた牢獄に独立運動の志士たちを逮捕拘禁したオランダ官憲をぶちこんだ。

ジャワ島中部マゲランでは植民地住民らが日の丸を手に街頭に集まり、日本軍を歓迎した。日本軍はただちにスカルノ、ハッタ、イスラム指導者たちと独立実現への交渉に入ったが、多民族、多言語、低民度（僻地では首狩り族が跋扈していた）では、速やかなる独立は困難と見られ、東亜の他地域よりも独立が遅れる原因となっていた。それまで公用語であったオランダ語は廃止するとして何語を公用語とするのか、争い合っていた各民族同士の和合、同じ言語を話すマレー半島の統合可否など解決すべき問題が山積していた。

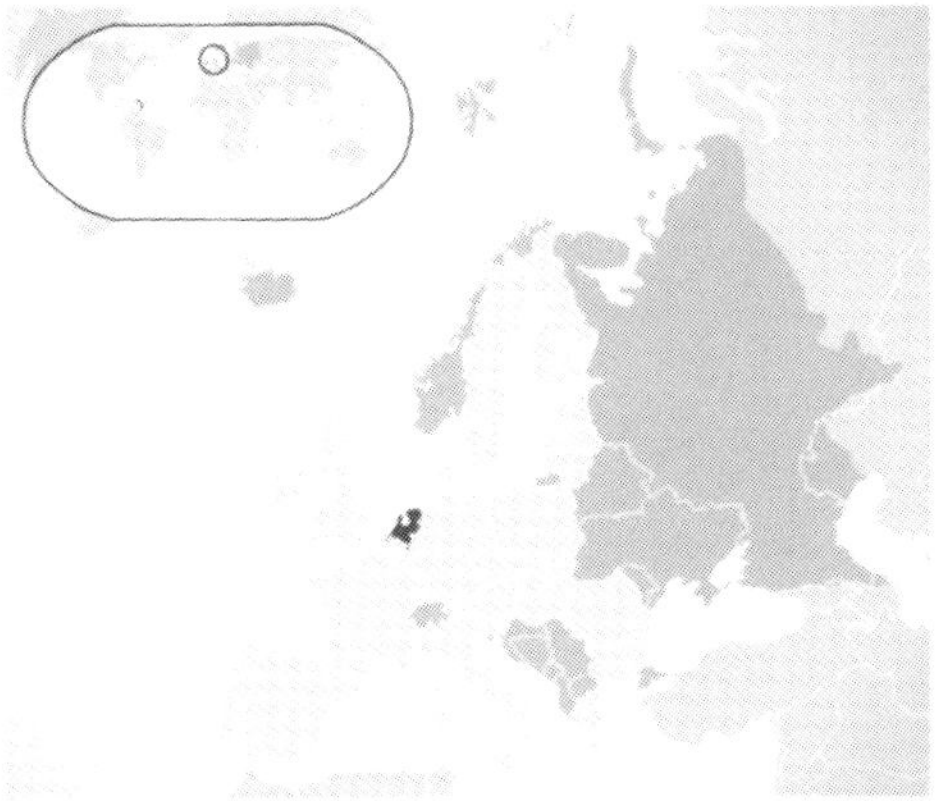

戦後のオランダ王国

日本軍政当局はインドネシアが安易に植民地化されてしまった原因は、南洋人特有の怠惰で自堕落な民族性にあると見抜き、若者から根性を鍛え直すことにした。大和魂をたたき込むことにしたわけである。そして、ジャカルタ近郊タンゲランに青年道場が開かれた。道場の教官たちは陸軍中野学校出身の将校たちで

スカルノ

モハマド・ハッタ

あった。教官たちはインドネシア青年たちに自立心と独立への気構えを教え込んだ。そして、この青年たちが昭和十八年十月三日に設立されたインドネシア郷土防衛義勇軍（ＰＥＴＡ、ペタ）の中心メンバーとして重要な役割を担うことになる。

昭和十七年六月二十九日、帝国陸軍省は南方軍に対し大陸指千百九十六号を発し、東南アジア住民の武装化を指示した。その結果、東南アジア在住のインド人らによるインド国民軍、アウンサンらビルマの民族主義者らによるビルマ国民軍が設立され、インドネシアでは郷土防衛義勇軍が昭和十八年十月三日に結成された。

また、日本軍はオランダによる愚民化政策により行われていなかった教育の充実を行い、インドネシア語と併せて日本語による教育を行った。

ペタ創立一周年記念の昭和十九年十月、ジャカルタのガンビル広場で盛大に式典が行われ、インドネシア住民はオランダ植民地時代には想像もおよばない民族軍の威容に歓喜したのである。

同年九月三日、日本軍はインドネシア国旗の掲揚と国歌斉唱を解禁し、九月七日には小磯國昭総理大臣が第八十五回帝国議会において〝小磯声明〟を発表し、インドネシアの将来的独立を約束した。ここに小磯声明を引用しておく。

「帝国ハ東『インド』（インドネシア）民族永遠ノ福祉ヲ確保スル為メ、将来其ノ独立ヲ認メントスルモノナルコトヲ茲ニ声明スルモノデアリマス」

口語訳「大日本帝国はインドネシア民族に永遠の福祉を確保するため、将来その独立を認めることを此処に宣言します」。

ペタ設立の様子
PETAの軍事訓練は歩兵操典と軍人勅諭を用いておこなわれた

小磯声明を受けて独立後の憲法が審議され、昭和二十年七月十七日、日本政府によるインドネシア独立化の決定を受け、八月七日にはついにスカルノを主席とする独立準備委員会が発足した。八月十四日、東京から翌日のポツダム宣言受諾に関する連絡を受け取ったジャカルタ在勤武官の前田精《ただし》海軍少将は、スカルノとハッタに英蘭軍の再駐留前に独立を宣言するよう

インドネシア独立戦争に参加した元日本兵

指導し、八月十六日深夜、スカルノ、ハッタらは独立宣言を起草した。そして翌十七日、スカルノが自邸で独立宣言を読み上げた。以後、ペタの将兵を中核とし、残留日本兵約二千名が参加したインドネシア独立戦争が四年間繰り広げられ、昭和二十四年十二月にインドネシア連邦共和国が成立、さらに翌年、各連邦構成国がインドネシア共和国に合流して、昭和二十五年八月十五日に単一のインドネシア共和国が誕生し、独立を確たるものとした。

昭和二十七年のサンフランシスコ講和条約発効に伴い、日本は戦後賠償を行うことになったが、スカルノは日本軍に独立させてもらっておいて賠償を要求できる立場ではないと賠償請求を拒否してきた。しかし、日本政府は「独立ご祝儀」として受け取るようスカルノを説得したのである。当時、インドネシアは旧宗主国オランダから独立に伴う〝手切れ金〟を要求されており、その支払いに日本からの賠償金が充てられた。

敗北したはずの駐留軍が現地人に独立を宣言させ、自らは敗戦国であるにもかかわらず、旧宗主国が要求する〝独立手切れ金〟まで補填してあげた日本。日本軍は本当に負けていたのであろうか。

参考：スマラン事件とスラバヤの戦い

スマラン事件の発生

一九四五年（昭和二十年）十月十五日―十九日

スマラン事件とは、第二次世界大戦直後の一九四五年十月十五日から十九日にかけてジャワ島スマランで起きた、旧日本軍とインドネシア独立派の間の武力衝突事件である。降伏後、日本軍の武器は連合国による武装解除まで日本軍が所持、また、日本軍が英蘭軍進駐まで現地の治安維持に当たることになっていた。しかし、独立宣言後、英蘭との独立戦争は必至と見ていたPETA出身者を中心とするインドネシア独立軍は、日本軍が所持する武器の引き渡しを再三にわたって要求した。スマラン駐留日本軍は武器引き渡しを拒否していたが、最終的にインドネシア側が武力奪還を試み、スマラン事件が勃発した。インドネシア側に千～二千人、日本側にも二百人近い死者が出た。インドネシアでは五日間戦争として知られる。

この事件以後、日本軍は独立派への武器引き渡しを黙認する姿勢を取る。

一連の騒乱の過程で、ジャワ島の旧日本軍武器のうち小銃類四万丁などがインドネシア独立派の手に渡った。スラバヤなどで正規に引き渡されたもののほか、強奪されたものや、密かに日本軍が横流ししたものなどがある。一説にはジャワ島の旧日本軍の所有兵器全体の三分の二から四分の三を独立派が入手したと言われる。これらはイギリス軍とのスラバヤの戦いなどで主要な武器として使用されることになった。

インドネシア独立軍が使用した旧日本軍戦車（95式軽戦車）
日本軍は意図的に武器をインドネシア独立軍へ横流しした

スラバヤの戦い

一九四五年（昭和二十年）十月二十五日、インドネシア・スラバヤにて独立戦争勃発。日本軍降伏後、スラバヤを再占領した英軍に対しインドネシア住民が武装蜂起、日本軍から引き渡された武器を使用し、残留日本義勇兵の協力もあり、英軍に死傷千三百七十七名、そのうち戦死は四百七名 行方不明百六十二名の大損害を与え、インドネシアからの英軍撤退のきっかけとなった。インドネシア側の損害は軍民合わせて死者五千から二万人と見られている。以後、独立戦争は一九四九年十二月二十七日のインドネシア連邦共和国独立までの四年以上にわたって継続、インドネシア側の死者は八十万人に上る。二千人の残留日本義勇兵が参加、半数が戦死する。

昭和二十年八月十六日深夜、前田精海軍少将宅において起草されたインドネシア独立宣言の原本は次の通り。

昭和20年8月17日午前10時、インドネシア共和国連邦の独立を宣言する首班のスカルノ大統領

インドネシア住民に迎えられる第16軍司令官今村均陸軍中将
1942年（昭和17年）3月5日—7日にかけてジャワ島を武力占領

宣言
我らインドネシア民族はここにインドネシアの独立を宣言する。
権力委譲その他に関する事柄は完全且つ出来るだけ迅速に行われる。
ジャカルタにて、05年8月17日
インドネシア民族の名において
スカルノ／ハッタ

この独立宣言の日付は「17／8／05」と記されているが、これは皇紀二六〇五年八月十七日という意味である。スカルノらは欧米植民地主義者が使用する西暦を毛嫌いしていたし、かといってインドネシア独自の暦が存在したわけではない。独立年を元年として新たな暦をつくることも可能であったが、スカルノらはあえて日本の皇紀を使用した。日本への感謝の気持ちを表してくれていたのかもしれない。前田精海軍少将は後に、インドネシア共和国建国功労章を授与されている。

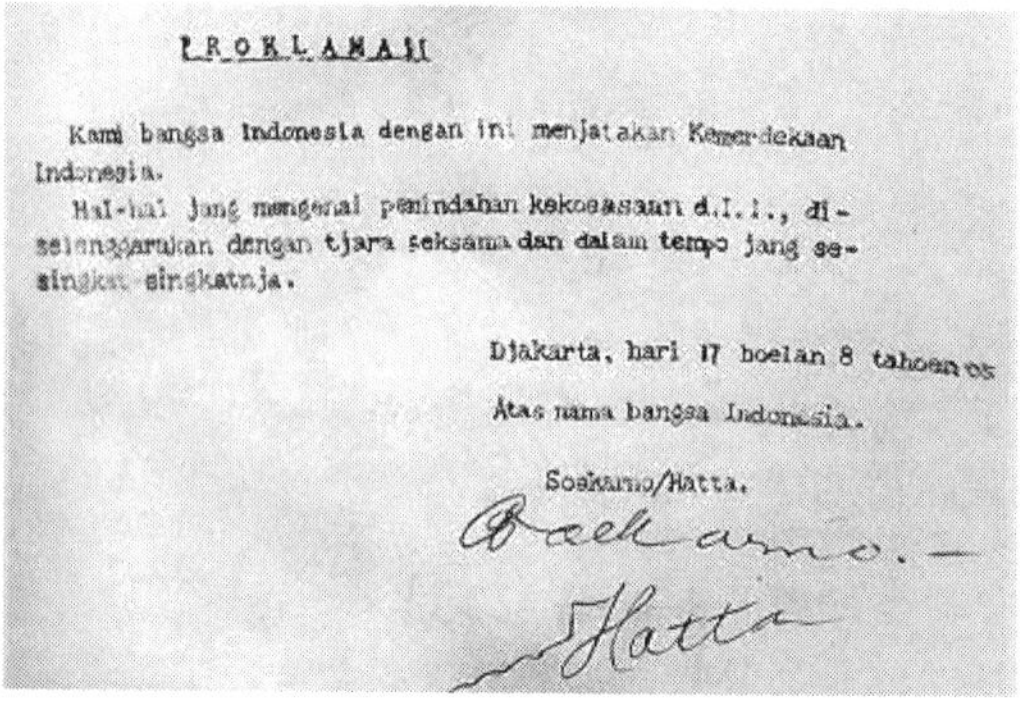

PROKLAMASI

Kami bangsa Indonesia dengan ini menjatakan Kemerdekaan Indonesia.

Hal-hal jang mengenai pemindahan kekoeasaan d.l.l., diselenggarakan dengan tjara seksama dan dalam tempo jang sesingkat-singkatnja.

Djakarta, hari 17 boelan 8 tahoen 05

Atas nama bangsa Indonesia.

Soekarno/Hatta.

Soekarno.—

Hatta

1945 年 8 月 16 日深夜、前田精海軍少将宅において起草されたインドネシア独立宣言の原本

第三章　米国を強く見せるため戦後に捏造された虚構

本章では戦後我が国に蔓延した「負けた負けたの『ボロ負け』敗戦ヒステリー」のなかでいつの間にか捏っち上げられた大嘘を暴いていく。

1　ミッドウェーで負けたのはアメリカ海軍

ミッドウェー海戦で保有空母数に対する損失率は日米共に三割、日本十一→七、米国三→二、搭乗員喪失は日本百十名、米国百七十二名。四ヶ月後、ソロモン海で南太平洋海戦が勃発。日本軍残存七隻の空母のうち一隻が沈没、一隻中破、米軍は二隻の残存空母のうち一隻沈没、一隻大破戦域離脱、結果米軍の稼働可能空母は〇隻になった。ミッドウェーと南太平洋海戦をトータルで考えると敗北したのはアメリカ海軍である。

ミッドウェーで日本海軍は、その熟練搭乗員のほとんどを失ったことになっているが、日本海軍に熟練搭乗員は百十名しかいなかったとでも言うのであろうか。零戦に撃墜され、百七十二名を失った米海軍の方が、よほど搭乗員の被害は大きい。これも、ミッドウェーが米軍の一方的な大勝に終わったかのように見せつけるためのプロパガンダである。

ミッドウェーが勝敗の分岐点だったというのは戦後に捏っち上げられたプロパガンダである。ミッドウェーでの失敗から敗北への道へと転がり出したはずの日本海軍が、なぜ四ヶ月後に南太平洋海戦で米海軍空母部隊を全滅させたのだろうか。辻褄が合わないではないか。

ミッドウェー海戦は大東亜戦争勝敗の分岐点ではなかった。後述するが、分岐点は広島における原爆投下である。

南太平洋海戦は昭和十七年十月二十六日にソロモン海域で行われた日米両軍の空母機動部隊による海戦である。アメリカ軍側の呼称はサンタ・クルーズ諸島海戦（Battle of the Santa Cruz Islands)。

日本軍は空母翔鶴と瑞鳳が大破、中破という損害を受けたものの、米空母ホーネットを撃沈し、エンタープライズを大破という戦果を挙げ、日本軍の勝利であった。米軍側は残存二隻の空母が戦力外となったことにより、以後一年間、米海軍は正規空母機動部隊の運用が困難となり、翌年の太平洋における大きな海戦は影を潜めた。その間、日本軍は東亜大陸にお

空母ホーネットに急降下爆撃中の九九艦上爆撃機

左舷に至近弾が命中した空母エンタープライズ

駆逐艦に乗員を退艦させる空母ホーネット
この後雷撃処分された

いてビルマ、フィリピン、自由インド仮政府の独立を実現した。空母部隊を全滅させられ、一年間も作戦不能に落とし込まれておいて勝利したとは、気でも違ったのであろうか。南太平洋海戦の戦闘の模様を伝える写真を幾枚か提示しておく。

2　近衛文麿こそアジア解放の英雄

〝開戦責任〟という言葉は、戦後の歴史の中で何度も使われてきた定番である。天皇の開戦責任、近衛文麿の開戦責任、東條英機の開戦責任、マスコミの開戦責任などである。この言葉の裏には「大東亜戦争は間違えた戦争であり、恥ずべき戦争である」という意識が潜在している。

植民地を解放し、独立させることが間違えであるというなら、アジア、アフリカ、南米の独立指導者は全員が独立戦争の開戦責任を負わなくてはならない。大東亜解放戦争を悪とするなら、独立戦争も人種平等化戦争も奴隷制廃止戦争もすべて悪となってしまう。ネルソン・マンデラもガンジーもチャンドラ・ボースもキング牧師もマルコムXもジョージ・ワシントンもリンカーンもリンドン・ジョンソンもモハメド・アリもナセルもホーチミンもスカルノもハッタもアウンサンも坂本龍馬も高杉晋作も吉田松陰も東郷元帥も明治大帝も昭和超帝も悪であったと認定されなくてはならない。さらに、植民地主義を犯罪であると決議した国連までもが悪であると認定されなくてはならなくなる。馬鹿げた話である。

植民地解放に犯罪性などあるはずがない。それを認めれば、国連まで犯罪者になってしまう。犯罪性があるとすれば、それは植民地主義を実行していた欧米白人列強である。白人から見れば虎の子の植民地を崩壊せしめ、白人優越主義を地の底へ貶めた、前記の志士たちは確かに悪となる。

大東亜戦争について言えること、それは何人にも開戦責任などないということである。それゆえ、昭和超帝にも東條英機にも、もちろん近衛文麿にも開戦責任は存在しない。あるとするなら、それは開戦を挑発した植民地主義者のフランクリン・ルーズベルトとコーデル・ハルである。

昭和十三年一月、十一月と十二月に相次いで近衛声明が発せられた。十一月の声明では、初めて「東亜新秩序の形成」という概念が提案された。この概念が後に「大東亜共栄圏構想」に結実され、わが国は東亜解放戦争へ突入していく。

前記「支那事変を東亜解放戦の序幕戦とする」と規定した〝稲田正純大佐の陰謀〟が提案されたのは昭和十三年六月である。この陰謀が五ヶ月後、近衛声明に採用されたことは明白である。時期的に一致しているからだ。

近衛内閣が稲田提案を取り上げなければ、後の大東亜解放戦争は存在しなかった。それゆえ、近衛文麿首相こそアジア解放の立役者ということになる。

3　神風特攻が日本本土上陸作戦を諦めさせた

神風特攻で撃沈された米海軍艦艇は五十五隻、損傷を受けた艦艇は三百六十二隻に上り、特攻による米軍の戦死者は六千八百五名、九千九百二十三名が負傷した。これを見ると、被害は甚大なりと言うしかない。もし、米軍が日本本土上陸作戦を決行した場合、これの数倍の被害が単純計算で予想された。

進駐軍（米国空軍戦略爆撃調査団）の調査では、終戦時の日本国内には一万五千六百の特攻機が温存され、隠蔽飛行場（昼間は草木で隠蔽されている）も多数用意されていた。燃料は各機が五回以上出撃できる分量が温存されていた。二千余機の特攻で米海軍の損害は沈没五十五、損傷三百六十二隻に達した。本土決戦で七倍の数の特攻機が同じ命中率で米海軍艦艇に殺到したら、単純比例計算でも五十五×七＝三百八十五隻が沈没、三百六十二×七＝二千五百三十四隻が損傷する。米海軍は全滅するということである。

沖縄戦では二千機の特攻機（その多くが途中で撃墜されたため命中率は低い）に対して、米海軍死傷者は約一万七千人、一万五千機の特攻機が米艦に殺到したら、単純比例計算で同じ命中率としても十一万九千人、数倍の命中率で計算すれば数十万人の米海軍将兵が死傷する。これでは米海軍は崩壊する。海軍の支援がなければ上陸部隊も全滅する。

沖縄戦では九州から五百キロも飛ぶため、途中で米軍機に迎撃された。しかし、本土決戦で米軍機は迎撃する時間がない。なぜなら、米軍上陸艦艇は浜辺から数キロ先に布陣しているからだ。沿岸の隠蔽飛行場を飛び立った特攻機が時速四百キロで進航すれば、数分後には米艦に突入している。沖縄戦での命中率の数倍の命中率になることが予想された。しかも、飽和攻撃を仕掛けてくるから命中率はさらに上がる。地上発射型ジェット特攻機桜花四十三乙型が投入されれば、米軍機の速度では追いつけない。これでは米陸海軍上陸部隊は全滅となる。

特攻は航空機によるものだけではない。陸海軍合わせて数千艘に上る特攻ボート、一千隻

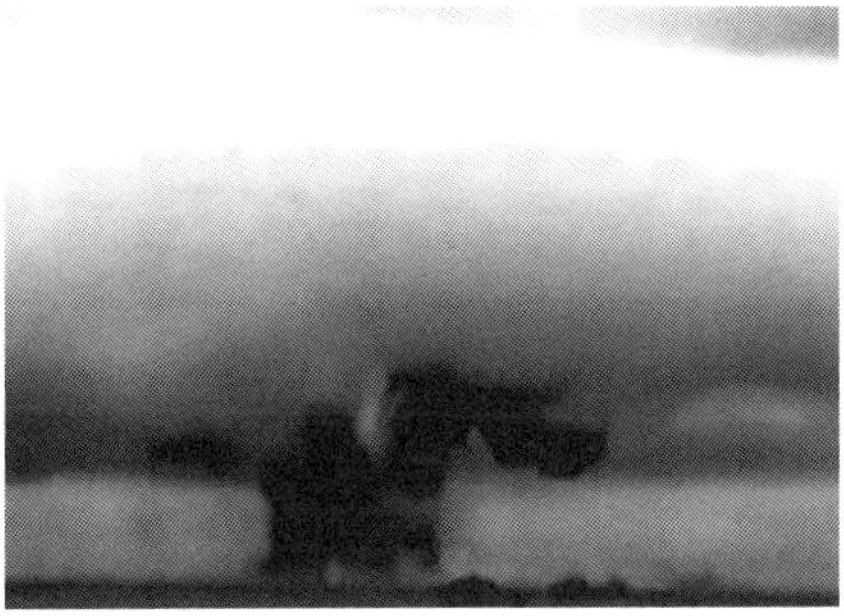

1944年12月28日フィリピン海域において神風特攻機の攻撃を受け爆沈した米海軍の弾薬輸送船USSジョン・バーク（リバティー型輸送船）
キノコ雲が発生し、一瞬で跡形もなく消滅した。数千トンの弾薬を満載していたと見られるから、小型原爆が爆発したのと同じ規模の爆発力と考えられる。乗員全員が死亡し、遺体の欠片すら確認できなかった。爆発の衝撃波により後続艦も沈没した

1945年5月11日桜花の命中で大破炎上した駆逐艦ヒューW.ハドレイ
被害は戦死者30名　負傷者121名 大破炎上し総員退艦命令出るも沈まず、修理不能と判断されそのまま除籍された

以上に上る特攻用小型潜水艦も待ち構えていた。たとえ上陸に成功しても、米軍上陸部隊に対して三千二百万人以上のイオージマ部隊が待ち構えている。イオージマの状況が日本本土全域で再現されるということだ。たとえ米軍が上陸作戦を決行しても〝元寇〟の時のモンゴル軍の醜態が再現されるだけである。

日本本土上陸を諦めた米軍は原爆投下に頼らざるを得なくなり、自らの建国理念たる自由、平等、正義を否定する一般市民の大虐殺を行った。ユダヤ人虐殺を行ったヒトラーもその残虐性において米国には負けてしまうのである。

以上の見解は、著者の独自の分析により、数年前に拙ブログに記したものであるが、資料調査担当の八巻康成氏が国立国会図書館アジア歴史資料センターから「本土決戦必勝の確算」と題された記録を発掘してきたので紹介する。記載されている内容は奇しくも著者の分析結果と一致している。

防衛省防衛研究所

レファレンスコード

c15010213300

本土決戦必勝の確算

本土決戰必勝ノ確算

一、兵力量

本土ニ約五百萬ノ陸海軍四千萬ノ義勇戰鬪隊員ヲ有シ兵力量ニ於テ絶對優勢ナリ

二、我ハ敵上陸作戰ノ必然的弱點ニ乘シ得

1.航空特攻

イ、沖繩戰ニ於ケル航空特攻ノ發進機數ト確認撃沈艦船數トノ比率ハ三對一ナリ

ロ、本土決戰ニ於ケル航空特攻ノ成功率ヲ右ト同一トスルモ我ニ敵初動上陸兵力約一五師團ノ輸送船團ヲ短期間ニ撃沈スルニ充分ナル特攻機ヲ有ス

0325

歐洲第二戰線ニ於ケル北佛上陸初動（一週間以内）兵力ハ僅カニ十師團ナリ

ハ、我特攻基地ハ無數ニ整備セラレアリテ敵航空絶對優勢ナリト雖モ之カ同時常續的制壓ハ不可能ニシテ特攻機ノ發進ハ可能ナリ

ニ、沖繩戰ニ於ケル特攻機ノ發進基地ハ過遠ニシテ攻撃目標ハ航續距離ノ限界點附近ナリシモ本土ニ於ケル攻撃目標ハ如何ナル發進基地ヨリモ航續距離圏内ニ在リ

2.水上水中特攻

沖繩戰ニ於ケル水上水中特攻作戰ハ極メテ小規模ナリシモ本土ニ於テハ大兵力ヲ以テ大規模且組織的ニ實行セラルヘキ議

0326

一、兵力量

本土に約五百万の陸海軍四千万の義勇戦闘隊員を有し兵力量に於て絶対優勢なり。

二、我は敵上陸作戦の必然的弱点に乗じ得る。

1航空特攻

イ、沖縄戦に於ける航空特攻の発進機数と確認撃沈艦船数との比率は三対一なり。

ロ、本土決戦に於ける航空特攻の成功率を右と同一とするも、我に敵初動上陸兵力約一五師団の輸送船団を短期間に撃沈するに充分なる特攻機を有す。

欧洲第二戦線に於ける北仏（ノルマンディー）上陸初動（一週間以内）兵力は僅か二十師団なり。

ハ、我特攻基地は無数に整備せられあり

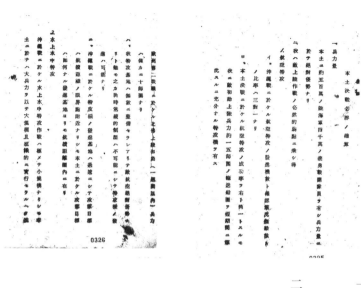

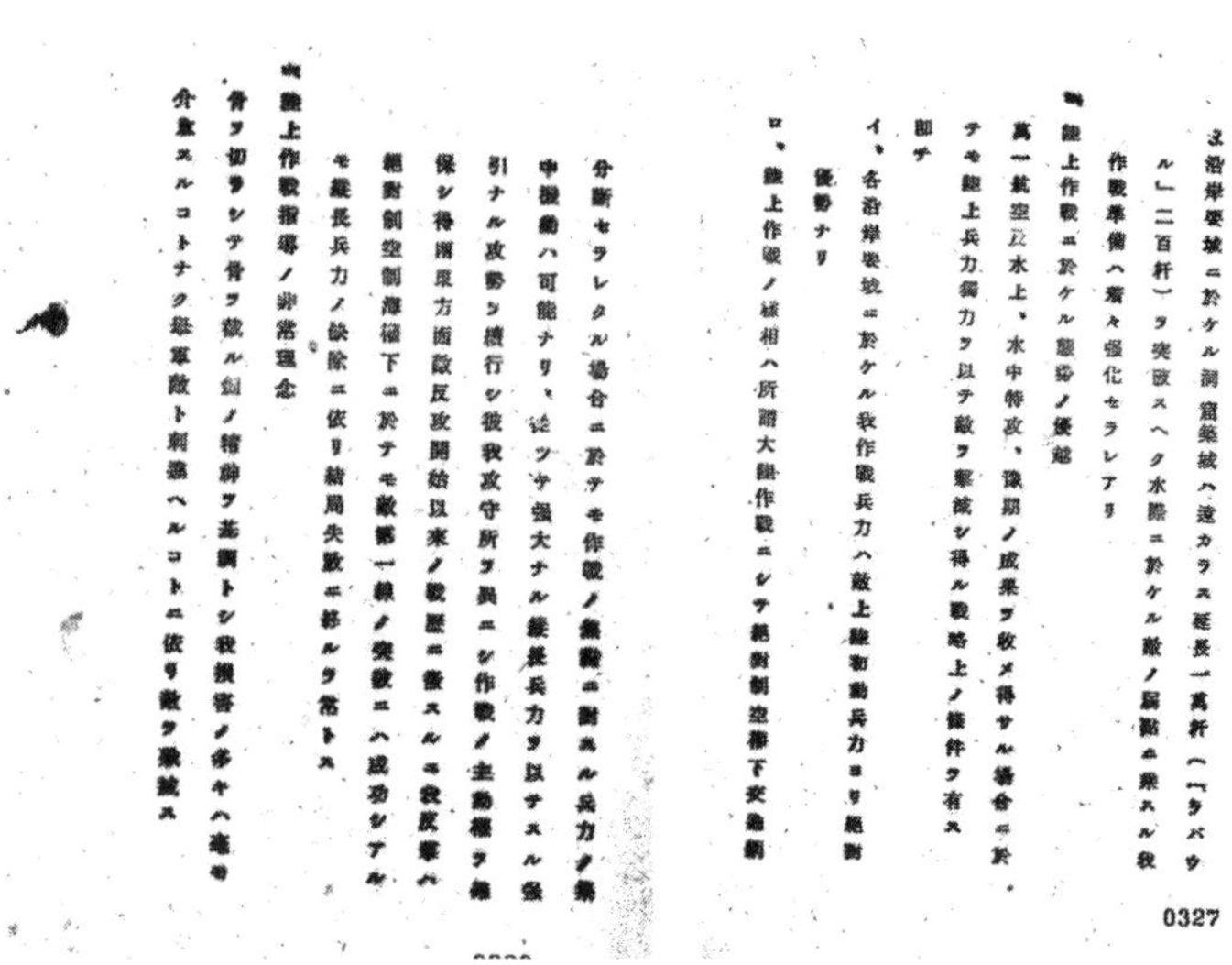
空特攻ト相俟テ洋上撃滅ハ益々確算ヲ加フヘシ
3、沿岸要域ニ於ケル洞窟築城ハ遠カラス延長一萬粁（「ラバウル」二百粁）ヲ突破スヘク水際ニ於ケル敵ノ弱點ニ乗スル我作戦準備ハ益々強化セラレアリ
四、陸上作戦ニ於ケル態勢ノ優越
萬一航空及水上、水中特攻、強羽ノ成果ヲ收メ得サル場合ニ於テモ陸上兵力獨力ヲ以テ敵ヲ撃滅シ得ル戦略上ノ條件ヲ有ス
即チ
イ、各沿岸要域ニ於ケル我作戦兵力ハ敵上陸初動兵力ヨリ絶對優勢ナリ
ロ、陸上作戦ノ様相ハ所謂大陸作戦ニシテ絶對制空權下交通網
0327
分斷セラレタル場合ニ於テモ作戦ノ無動ニ對スル兵力ノ集中機動ハ可能ナリ、従ツテ強大ナル縱深兵力ヲ以テスル強引ナル攻勢ヲ續行シ彼我攻守所ヲ異ニシ作戦ノ主動權ヲ確保シ得爾來方面敵反攻開始以來ノ戦歴ニ徴スルニ我反撃ハ絶對制空制海權下ニ於テモ敵第一線ノ突破ニハ成功シアルモ縱長兵力ノ缺除ニ依リ結局失敗ニ終ルヲ常トス
五、陸上作戦指導ノ非常理念
骨ヲ切ラシテ骨ヲ截ル劍ノ精神ヲ基調トシ我損害ノ多キハ遂ニ介意スルコトナク終始敵ト刺違ヘルコトニ依リ敵ヲ殲滅ス

て敵航空絶対優勢ありと雖も、之が同時常続的制圧は不可能にして特攻機の発進は可能なり。

二、沖縄戦に於ける特攻機の発進基地は過遠にして攻撃目標は航続距離の限界点附近なりしも本土に於ける攻撃目標は如何なる発進基地よりも航続距離内に在り。

2水上水中特攻

沖縄戦に於ける水上水中特攻作戦は極めて小規模なりしも、本土に於いては大兵力を以て大規模且つ組織的に実行せられるべく航空特攻と相俟って洋上撃滅は益々確算を加ふべし。

3沿岸要域に於ける洞窟築城は遠からず延長一萬粁（「ラバウル」二百粁）を突破すべく、水際に於ける敵の弱点に乗ずる我作戦準備は着々強化せられあり。

陸軍作戦に於ける体勢の優越

萬一航空及水上、水中特攻、予期の成果を収め得ざる場合に於ても、陸上兵力独力を以て敵を撃滅し得る戦略上の条件有す。

即ち

イ、各沿岸要域に於ける我作戦兵力は敵上陸初動兵力より絶対優勢なり。

ロ、陸上作戦の様相は所謂大陸作戦にして絶対制空権下交通網分断せられたる場合に於ても作戦の焦点に対する兵力の集中機動は可能なり。従って強大なる縦長兵力を以てする強引なる攻勢を続行し彼我攻守所を異にし作戦の主導権を確保し得る。南東方面敵反攻開始以来の戦歴に徹するに我反撃は絶対制空制海権下

昭和２０年４月１１日午後２時　戦艦ミズーリに特攻した搭乗員の遺骸

爆弾は不発であったため、上半身の一部が残っていた。写真の右側に遺骸が見える。鹿児島海軍鹿屋基地を飛び立った「第五建武隊所属の岡山県出身、石野節雄二等飛行兵曹（１９歳）とみられている

に於ても敵第一線の突破に成功しあるも、縦長兵力の欠如に依り結局失敗に終るを常とす。

4　米国にとっては欧州が主戦場だったという捏造

これもまた戦後流布された嘘であるが、米軍にとって主戦場は欧州戦線であり、太平洋は片手間にすぎなかったという説がある。早速、分析してみよう。

最初に地上軍の配備状況を見る。

米軍のフィリピンと太平洋島嶼戦での各作戦に投入された陸上兵員数は二百三十五万、一方、欧州戦線での投入戦力は米英を合わせても百七十五万。ここで留意すべきは百七十五万という数値は米英を合算した数値で、主力であった米軍が大目に見て、四分の三を占めると考えれば、米軍のみの投入兵力は百三十一万となる。この数値が正しいとすれば、米軍が第二次大戦で投入した地上兵力の三分の二が太平洋に投入されたことになる。

全地上兵力の三分の二を投入して三年八ヶ月の時間をかけても、通常兵器だけでは勝利を得ることはできず、最終的に核兵器に頼らざるを得なかったという事実が見えてくる。

海軍戦力はどうであろうか。

米国の海軍戦力のほとんどが太平洋に投入されていたことは間違いない。なぜなら、欧州では敵国ドイツは潜水艦作戦しか実施しておらず、その潜水艦作戦への対抗は主として英海軍が担っていたからである。米海軍は少数の小型艦艇と小型空母を大西洋に投入しただけであった。主力空母と主要艦艇、海兵隊のほとんどが太平洋に投入されていたのである。結論すれば、米軍は全陸上戦力の三分の二と海軍力のほとんどを太平洋戦域に投入していた。

以上の分析から明らかとなることは、米軍にとって太平洋における対日作戦が主であって、欧州戦域の戦いこそ片手間だったということである。

次に、時間的推移を考える。

米軍が欧州で本格的反攻作戦に踏み切ったのは、昭和十八年七月十日のシシリー島への上陸作戦であった〝ハスキー作戦〟からである。それ以前にも北アフリカ戦線へ米地上部隊が派遣されているが、まだ本格的とは言えない状況であった。昭和十六年十二月八日の真珠湾奇襲から昭和十八年七月までの一年八ヶ月間、米軍はほぼ太平洋戦域でのみ戦闘していたのである。

戦闘期間を見るならば、対ドイツ戦は昭和十八年七月から昭和二十年四月までの一年九ヶ月（二十一ヶ月）、対日戦闘期間は三年八ヶ月（四十四ヶ月）である。

戦死者数を比較すると、米軍の戦死者は太平洋戦域が十六万に対して、欧州戦線は二十五万となり、欧州戦線の方が多くなるが、この原因は太平洋に布陣した日本軍の数が少なかったからである。太平洋島嶼域に布陣した日本軍は、約二十七万、フィリピンでも五十三万である。それに対して米軍の兵力は二百三十五万である。また、島嶼戦の場合、島を包囲断絶してから集中攻撃を加えるので、必然的に攻撃側の損害は少なくなるという事情がある。それにしても、太平洋島嶼に布陣した約二十七万の日本軍（うち二十四万が戦死）に対して、フィリピンを除く島嶼部での米軍戦死者十四万余は多すぎる。

米軍にとって太平洋戦域は欧州戦域以上の主戦場であったゆえ、欧州以上の兵員を配置したが、日本軍にとっての主戦場は後述するように東亜大陸であって、太平洋戦域の戦いは米軍を誘き出し、釘付けとするための陽動囮作戦にすぎなかった。米軍がその陸上戦力の三分の二、海軍力の大半を、日本側が仕掛けた罠に投入している間、アジア全域が解放独立させられたというのが現実である。

なぜ対ドイツ戦を主として、対日戦を従とするように米国は偽装したのであろうか。その理由は簡単である。白人国家のドイツ軍よりもアジア人の日本軍に手子摺った、ましてや囮作戦に嵌められたなどという話は、白人優越主義の立場からは認めたくないからである。ここにも、大東亜戦争が人種間戦争であったという事実が浮かび上がってくると同時に、米国得意の「勝った振り詐欺」を認めることができる。

5　戦ったのは日本軍だけではなくアジア合同軍

米英は大日本帝国を「アジアを侵略した悪党国家」であったと塗り込めるために、単独犯であったという虚構を捏造した。単独犯にしないと「日本だけ悪い国」という構造が崩れるからである。共犯は一人もいなかったことにしなくては「日本だけが悪党で他は善人だった」という虚構が成り立たなくなるからである。ましてや他のアジア人に共犯者がいては困るのだ。なぜなら、日本軍だけではなく、他のアジア人が協力していたとなると、日本軍は侵略軍ではなくアジアを解放した英雄となってしまうからだ。

さて、実のところはどうであったのだろうか。それでは、アジアの共犯者を見ていこう。アジアで日本軍と共に白人植民地国家と戦った国は以下の通りである。

タイ王国（首班：ピブーンソンクラーム）
満洲国（首班：張景恵）
中華民国（首班：汪兆銘）
蒙古聯合自治政府（首班：デムチュクドンロブ）
ビルマ国（首班：バー・モウ）
自由インド仮政府（首班：チャンドラボース）

以上の国家群が白人国家に対して独立戦争を仕掛けた大日本帝国の共犯者である。日本だけが悪党ではなかった。アジアのほぼ全域が白人帝国主義に対して日本軍と共に起ち上がっていたのである。アジアのすべてが悪党だったことになる。

次に、国家ではないが、武装組織として日本軍に協力した共犯者を見てみよう。

組織名	**活動地域**
フィリピン人義勇軍	フィリピン
比島ラウエル大統領付親衛隊	フィリピン
郷土防衛義勇軍（ＰＥＴＡ）	インドネシア
インド国民軍	インド
マレー義勇隊	マレー半島
越南青年先鋒隊	ベトナム
ビルマ国民軍	ビルマ
石家荘白系ロシア人義勇軍	中国大陸
皇協維新軍	中国大陸
中華民国臨時政府軍	中国大陸
皇協新中華救国民軍	中国大陸

満洲イスラム教徒騎兵団　満洲

まるで日本軍だけが単独犯の悪党であるかのように喧伝してまわった米国と特亜三国、日教組、日本共産党、NHK、東大左翼歴史閥、朝日新聞であったが、ここでもその嘘がばれてしまった。侵略軍で悪党であるはずの日本軍にはアジア全域からなる共犯者たる友軍が存在していたのである。これではアジア人が自国を侵略していたことになる。自国を侵略する自国軍とは一体何者であろうか。それは解放軍に他ならない。彼らに武器を与え、軍事訓練を施した日本軍こそ解放軍であったという証である。

6　太平洋島嶼戦はアジア解放のための囮作戦

大東亜戦争においては日本軍が惨敗したかのような印象を受けるのは、戦後に米国が印象操作を行ったからである。米国は選挙がある国ゆえ、当時のトルーマン大統領は対日戦に完勝したことにしないと、次の大統領選挙が危うくなるのだ。そのためトルーマンは、日本軍に完全勝利したかのような印象操作を行った。

米国は日本側が制定した「大東亜戦争」という呼称の使用を禁じ、「太平洋戦争」と呼ぶように日本政府とメディアに強要した。もし、大東亜戦争という呼称を使い続ければ、大日本帝国が主張していた通り、かの戦争が植民地解放戦争であったという事実を認めざるを得なくなるからである。かの戦争はあくまでも大日本帝国による侵略戦争であることにしないと、悪党は植民地主義者である連合国になってしまうのだ。従来の保守論壇においても、この呼称変更は白人たちが行ってきた植民地支配を隠蔽するためであったと説明されてきたが、著者は新たな呼称変更理由を発見した。それは、太平洋を主戦場としなくては、米国は戦勝国であると確定できなくなるという事実である。

もし、東南アジアが主戦場であったなら、大日本帝国のもくろみ通り、戦争中にアジアのほぼ全域が独立していたわけであるから、米国は主戦場で敗退した実質的な敗戦国に成り下がってしまう。それどころか、太平洋戦域は主戦場ではあり得ず、主戦場ではない太平洋で日本軍の陽動囮作戦に引っかかり、自国の植民地フィリピンを独立させられた〝間抜け〟にされてしまう。それゆえ、米国はあくまでも太平洋が主戦場であり、東南アジア地域は付け足しであったことにしないと都合が悪かったのである。

米英は自分たちを真の戦勝国であるかのように見せかけるため、主戦場は大陸アジアではなく太平洋であったと入れ替えた。アングロサクソンのやりそうなことである。

希代の外交官である松岡洋右はその死の床に当たって次のように述べたという。

「自分は外交官であるから、ときには嘘もついた。しかし、どうせ嘘をつくなら、アングロサクソンのようなでっかい嘘をつくべきだった。これは悔やんでも悔やみきれない」。

著者はかねてから大東亜戦争の開戦目的はアジアの白人植民地の解放であったと主張してきた。実際、アジアにおける米英仏蘭の植民地はすべて開戦中に欧米白人から解放され、六ヶ国が独立を果たし、一ヶ国が独立宣言を行っている。

開戦目的が植民地解放である以上、主戦場は大陸であって太平洋ではない。戦後の日本人戦史研究家はこの点を見落としている。主戦場がアジア大陸であったから帝国陸軍はその主力を太平洋には割かなかったのである。

太平洋の島嶼戦は、帝国陸軍にとっては陽動囮作戦に過ぎなかった。昭和十七年末、南太平洋のガダルカナル島の戦いで米軍は本格的反攻を開始して、その後、ニューギニア、ビアク島、トラック・エニウエトク、ペリリュー島、サイパン島、グアム島、フィリピン、沖縄、硫黄島といわゆる「飛び石作戦」が続行された。

米軍が太平洋の島々を次々に陥落させたと大喜びしていたとき、大陸では白人植民地が次々に独立を勝ち取っていった。

米軍が硫黄島で「勝った」と喜んでいたとき、ベトナムでは帝国陸軍の主導でバオダイ帝を元首とするベトナム帝国の独立が宣言され、ラオス王国とカンボジア王国も独立し、枢軸側から国家承認を得ていた。

帝国陸軍は主戦場である東南アジアの独立を確たるものとするため、太平洋の島々を米軍を誘き寄せるための囮として使っていたのである。そうであるなら、太平洋の島々に布陣した陸軍部隊への補給が不十分であった理由も理解できる。

米軍に島を占領させ、日本兵にゲリラ戦を命じ、米軍を消耗させ、戦闘を長引かせて東亜独立までの時間稼ぎをすることが目的であったから、決して勝利してはならない。勝利してしまうと、敵は矛先を他へ向け、主戦場に繰り出してくる可能性があるからである。ルーズベルトもトルーマンも帝国陸軍の罠にはめられた。

太平洋の小島を落として「勝った」と喜んでいるうちに、自国領であったフィリピンは独立させられ、盟友チャーチルの大英帝国は崩壊し、仲間だったオランダは「風車とチューリップの国」に転落した。これを〝間抜け〟と言わずして何と形容すればよいのだ。

サー・ウィストン・チャーチルは「自分が歴史を好きなように歴史も自分のことを好きなはずだ」と語ったそうである。彼こそ真のコメディアンである。

歴史が彼を好きであることは間違いない。なぜなら、彼は画期的な歴史事象を作り上げた立役者であるからだ。彼は大日本帝国を怒らせるという手法を用いて、四百年にわたって先人たちが築き上げ、人類の歴史上最大の帝国である大英帝国を、わずか二ヶ月で崩壊せしめるという大立ち回りを演じたからである。

マレー上陸作戦開始からわずか二ヶ月でシンガポールが陥落した。シンガポールの陥落こそ大英帝国の消滅、すなわち白人植民地主義の破綻を意味していた。それに対して米国は、シンガポールに援軍を送ることもせず、大英帝国を見殺しにしたのである。援軍を送ることもできないほど、米軍は惨敗していたということである。もっとも、自国領であるフィリピンにも援軍を送れなかったわけであるから、他国に構っている場合でなかったであろうということは理解できる。

このように、太平洋の島嶼戦は大陸アジアを解放するための陽動囮作戦であった可能性は拭えない。

もし、帝国海軍がミッドウェー作戦に大勝し、太平洋全域の制海権を確保していたなら、米国は大西洋からインド洋へ軍事力を振り向け、インド方面からミャンマーへ向けて戦力を投入していた可能性がある。そうなると、東亜の独立は危うかったかも知れない。

ここで、八巻康成氏が国立国会図書館アジア歴史資料センターから発掘した極秘資料と、八巻氏によるコメントと書き起こし文を提示する。

「昭和十九年、太平洋に於いて陸軍玉砕、海軍敗北、東條内閣は総辞職。しかし（東亜解放を謳った）政府声明の宣言は生きています。だからこそ、アメリカ軍を引きつけるだけ引きつけ、日本の開戦目的の『植民地解放』、この資料でいうところの『獨立（独立）作戦』を骨子として仏印の安南の獨立を目指していたと思います」（八巻康成談）

この文書を発出した第二十班十五課とは、陸軍参謀本部第一部（作戦部）十五課のことで、戦争指導を役務としていた。

国立国会図書館アジア歴史資料センター
レファレンスコード
c12120292400

概ネ昭和二十年中期を目途とし帝国の採るべき戦争指導大綱（第五案）
昭一九、一二、五
第二十班
第一、方針
一、帝国は依然決戦的努力を続行して戦局の好転を図りつつ速かに日、満、支を基盤とする積極的防衛態勢を確立し飽く迄長期持久戦争の完遂を期す
二、帝国は速かに国内に於ける物心両面に亘る一切を国家に帰一して国家総動員の実効を期すると共に特に日、満、支、自活自戦態勢を強化促進し長期戦遂行の為の確乎不抜の態勢を確立す
三、凡有施策を講し情勢の変転に拘らす帝国の地位を極力有利ならしむるに努む
第二、要領

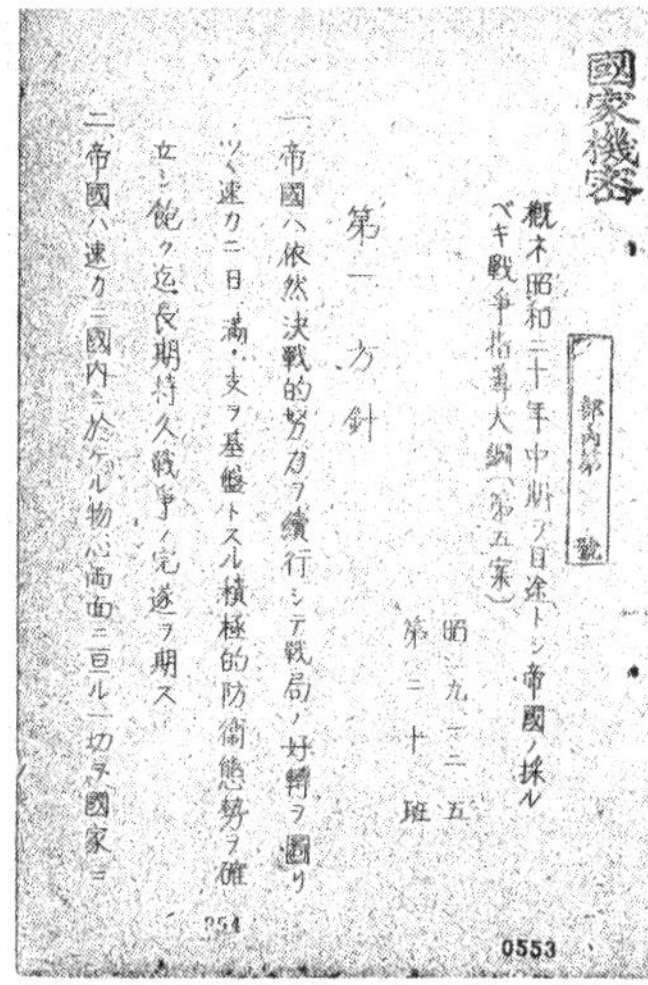
國家機密
部内限 第　號
概ネ昭和二十年中期ヲ目途トシ帝國ノ採ルベキ戰爭指導大綱（第五案）
昭一九、一二、五
第二十班
第一　方針
一、帝國ハ依然決戰的努力ヲ續行シテ戰局ノ好轉ヲ圖リツツ速カニ日、滿、支ヲ基盤トスル積極的防衛態勢ヲ確立シ飽ク迄長期持久戰爭ノ完遂ヲ期ス
二、帝國ハ速カニ國内ニ於ケル物心両面ニ亘ル一切ヲ國家ニ
254
0553

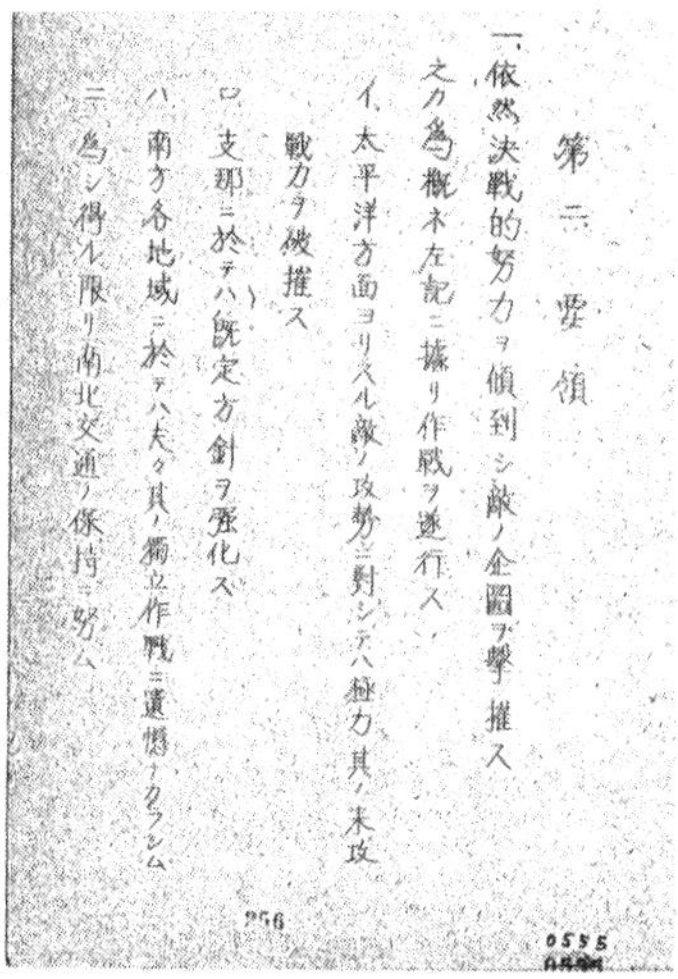
第二　要領
一、依然決戰的努力ヲ傾到シ敵ノ企圖ヲ撃摧ス之カ為概ネ左記ニ據リ作戰ヲ遂行ス
イ、太平洋方面ヨリスル敵ノ攻勢ニ對シテハ極力其ノ來攻戰力ヲ破摧ス
ロ、支那ニ於テハ既定方針ヲ強化ス
ハ、南方各地域ニ於テハ夫々其ノ獨立作戰ニ遺憾ナカラシム
ニ、為シ得ル限リ南北交通ノ保持ニ努ム
256
0555

概ネ昭和二十年中期ヲ目途トシ帝国ノ採ルベキ戦争指導大綱（第五案）

一、依然決戦的努力を傾到し敵の企図を撃摧す之が為概ネ左記に拠り作戦を遂行す

イ、太平洋方面よりする敵の攻勢に対しては極力其の来攻戦力を破摧す

ロ、支那に於ては規定方針を強化す

ハ、南方各地域に於ては夫々其の獨立作戦に遺憾なからしむ

ニ、為し得る限り南北交通の保持に努む

ホ、後方補給線を急襲破摧し其の戦意を消磨せしむ

二、強靭なる長期作戦の遂行に遺憾なからしむ為左に依り陸海空一体の軍備を充実し昭和二十年中期を目途とし特に日、満、支要域の積極的防衛態勢を概成す

イ、万難を排し日、満、支資源による航空戦力を充実す

ロ、新に地上兵力の大動員を敢行し絶対不動の防備を強化すは海上交通の確保竝《ならび》に敵後方遮断に必要なる艦艇の整備を行う
ニ、急速に全科学を動員し後方補給線破摧の為の攻勢的急襲兵器を優先整備す
三、長期戦遂行の根基たらしむる為概ね明年初頭を期し左の施策を断行す
イ、大本営令を改正して帝国作戦及戦争指導の中枢たらしむると共に内閣官制を改正し内閣総理大臣を中核とする強力政治の実行を容易ならしむる如く措置す
ロ、国体護持の眞姿を顕現し挙国一致の實を発揮する為
1、政治力の末端滲透を徹底すると共に国土防衛を全からしむる如く国民組織を編成し其の総武装を断行す
2、重要生産及交通運輸の国家管理を断行し以て軍隊的組織に改編す
3、政治、経済、軍事、文化各般に亘り不急不要部門を一切廃止し物心両面に亘る国力戦力の創出に徹底す
4、軍の行う防衛作戦に地方行政を緊密に吻合せしむる為所要の措置を講ずは国力、戦力の維持増進を期する為左の既定方策の完遂を期す
1、日、満、支燃料自給の徹底竝に為し得る限り南方燃料の還送促進
2、国土防衛の徹底就中重要生産竝に資源の地下転移

3、日、満、支海陸交通量の確保

4、国内各地域毎の食糧の増産、自給

四、獨との提携を繋持しつつ東亜問題に関し日、「ソ」、支の結合を強化促進するを主眼とし情勢の変轉に拘らず帝国の地位を極力有利ならしむ為左の対外措置を講ず

イ、獨「ソ」に対しては既定方針の強力なる促進を図るも小策を弄することなく毅然たる態度を堅持す

ロ、重慶に対しては凡有手段を講じ既定方針を推進すは大東亜諸国家諸民族に対しては強力に之が掌握に努む

之が為特に仏印（インドシナ）に対しては作戦準備の進展に伴う武力行使を豫期し之が處理によりては将来安南（ベトナム）を独立せしむる如く措置す

大東亜各地域に於ける帝国出先軍、政機関の一元化を図る

五、輿論指導竝に対敵宣伝謀略は情勢最悪に推移するも愈々《いよいよ》既定方針の徹底を期す

この書き起こし文で明らかなように、昭和十九年十二月においても太平洋の米軍を押し返すという発想は存せず、上陸してきたら撃砕すべし、消耗させるべきと答えている。そして、その間にインドシナ半島（安南）を独立させるべきであると述べている。実際、この文書が

発出された三ヶ月後、ベトナム、ラオス、カンボジアのインドシナ三国が日本軍の協力（明号作戦）によって独立を宣言している。次に、この日本軍が採った「太平洋囮作戦」について、日本軍布陣数と犠牲者数から検証する。

日本軍布陣数、終戦時布陣数、地域別戦死者を分析する

太平洋戦域における日米軍の布陣兵員数を表に示す。帝国陸軍の総兵力は七百万弱であったが、南洋諸島には含まれないフィリピンを除く太平洋島嶼部（沖縄、硫黄島含む）への布陣は約二十七万人であった。現在の自衛隊の総兵力と同等の戦力しか配置していないのである。総兵力の四パーセントしか配置しなかった戦場が主戦場であるはずはない。どう考えても、太平洋島嶼戦を勝ち戦にしようとする意図は見出せない。

見えるとしたら、それは陽動囮戦で米軍を引きつけ、消耗戦に持ち込み、大陸アジアには米軍を侵攻させないという意図である。

一方、開戦目的として植民地解放を目指した地域を見ると、最前線のミャンマーには約三十三万人、約フィリピンには五十三万人、インドネシアには約二十九万人、ベトナムには約十万人も布陣させている。やはり、帝国陸軍の意図は大陸アジアの植民地解放であり、太平洋戦域は囮であったと結論せざるをえない。

次に、終戦時における日本軍の駐屯地域と兵員数を表と図に示す。

陸軍は中国本土が百五万人と最も多く、次は満洲の六十六万人である。インドネシアが

フィリピン戦域日米布陣数		
太平洋戦域日本軍布陣数		太平洋戦域米軍布陣数
フィリピンの戦い	529,802	1,250,000
小計	529,802	小計　1,250,000

太平洋島嶼域日米布陣数		
太平洋島嶼域日本軍布陣数		太平洋島嶼域米軍布陣数
アンガウル島	1,250	21,000
キスカ島	軍用犬２頭	34,426
エニウェトク	2,812	10,367
クエゼリン	8,782	41,446
ガダルカナル島	36,204	60,000
アッツ島	2,650	11,000
タラワ	2,600	35,000
マキン	353	6,470
サイパン	31,629	66,779
テニアン	8,500	54,000
グアム	22,554	55,000
硫黄島	22,786	110,000
沖縄	116,400	548,000
ペリリュー	10,900	47,561
小計	267,420	小計　1,101,049

フィリピン・太平洋島嶼域布陣数	
日本軍	米軍
総計　797,222	総計　2351,049

フィリピン・太平洋島嶼戦域における日米両軍の戦闘時の布陣兵員数

兵数（人）			構成比（%）	
	陸軍	海軍	陸軍	海軍
千島・樺太	8万8000人	3000人	3.0	0.8
朝鮮北部	9万4000人	8400人	3.2	2.2
朝鮮南部	20万0200人	3万3300人	6.8	8.7
台湾	12万8100人	6万2400人	4.3	16.3
満州	66万4000人	1500人	22.4	0.4
中国（含む香港）	105万5700人	6万9200人	35.6	18.1
ミャンマー（含むインド）	7万0400人	1100人	2.4	0.3
タイ	10万6000人	1500人	3.6	0.4
仏領インドシナ	9万0400人	7800人	3.1	2.0
マレー・シンガポール	8万4800人	4万9900人	2.9	13.1
インドネシア	23万5800人	5万5500人	8.0	14.5
フィリピン	9万7300人	2万9900人	3.3	7.8
太平洋諸島	4万8600人	5万8300人	1.6	15.3
計	296万3300人	38万1800人	100	100

終戦時における日本軍の駐屯地域と兵員数

二十三万人である。その他の地域でも十万人程度の日本軍が進駐していた。

日本軍は戦争中に与えたアジアの独立を守るため、終戦時にも約二百四十五万もの軍人軍属を帝国領土以外の地に残存させていたのである。

陸軍兵約二十七万人が布陣した太平洋島嶼部での生き残りは、わずか四万八千六百名である。このデータからも、太平洋島嶼戦が苛烈なる消耗戦であり、玉砕戦であったことを窺い知ることができる。

次に、日本軍軍人軍属戦歿者数を地域別にて見てみる。

表と図に地域別戦死者数を示す。

このデータを見ても「アジアの解放独立」を掲げて戦った大陸アジアでの戦死者数が、米国があたかも主戦場であるかのように取り繕った太平洋島嶼部の戦死者数を遙かに上回っていることが明らかとなる。

白人植民地主義からの独立解放地域であったフィリピン、支那、ミャンマー、ニューギニア、スマトラ・ジャワ・ボルネオ、仏領インドシナでの戦死者数を合わせると約百三十五万人以上に上る。中部太平洋諸島における戦死者数二十四万七千二百の五―六倍となり、大東亜戦争の主戦場は大陸アジアであったことが明らかとなる。大日本帝国は帝国政府声明において明確化した通り、東亜解放と大東亜共栄圏確立の対象地域を主戦場とし対象外であった太平洋諸島域を米軍を引き付けておくための陽動囮戦場としたのである。だ

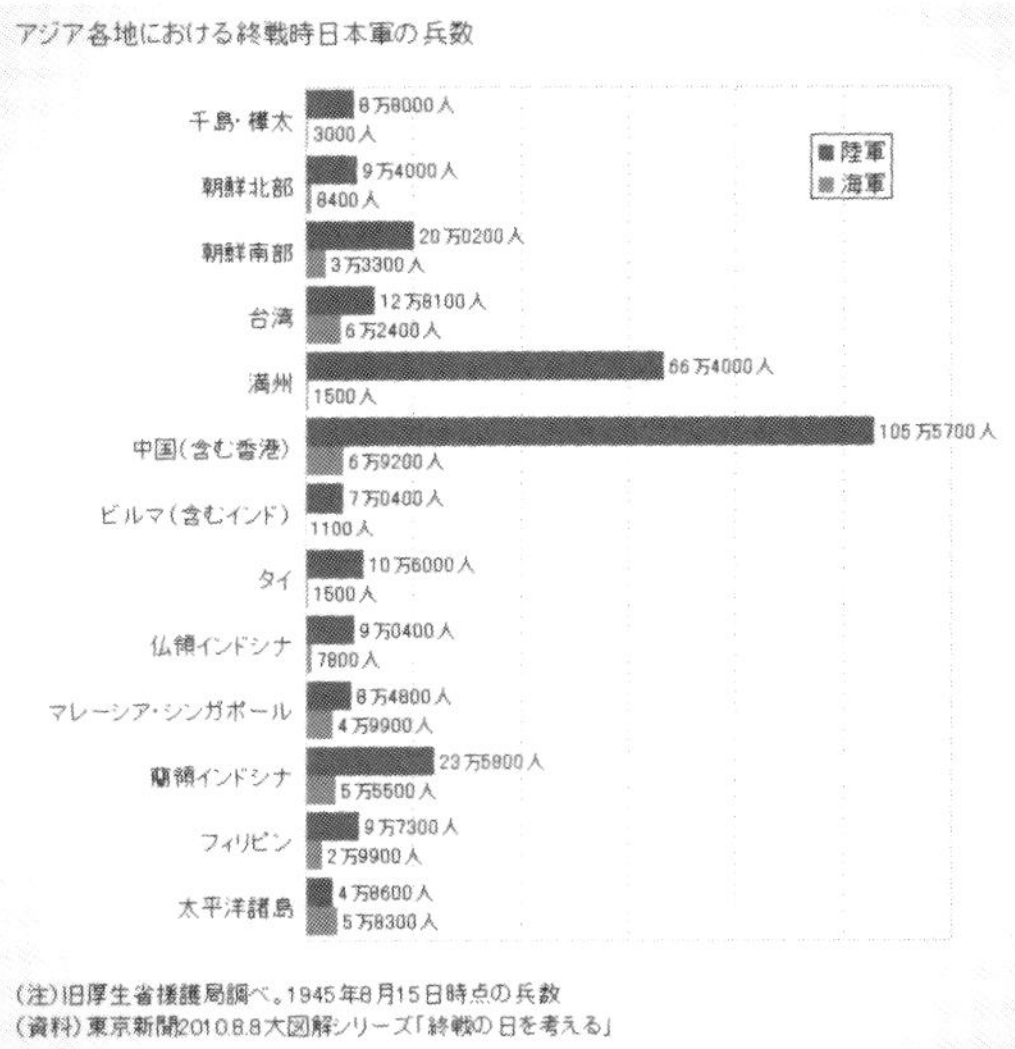

終戦時における日本軍の駐屯地域と兵員数を表すグラフ(東京新聞2010.8.8大図解シリーズ「終戦の日を考える」より)

フィリピン	498,600
支那	455,700
中部太平洋諸島	247,200
ミャンマー	166,900
ニューギニア	127,600
ビスマルク・ソロモン諸島	118,700
日本本土	103,900
スマトラ・ジャワ・ボルネオ	90,600
沖縄諸島	89,400
シベリア	52,700
満洲	46,700
台湾	39,100
朝鮮	26,500
小笠原諸島	15,200
仏領インドシナ	12,400
樺太・千島	11,400
マレー半島・シンガポール	11,400
タイ	7,000

日本軍軍人軍属地域別戦歿者数（1937 ― 45年）

から、作戦的勝利を収めるに十分な兵員補給品を配置しなかったのである。

　ハリウッドが大東亜戦争を取り上げるとき、日本を卑怯なる騙し討ち（真珠湾攻撃）をした悪辣なる侵略国家と捏っち上げ、米軍の勝ち戦の場面だけを取り上げて映画を完成させる。これは、米国白人特有のトリックである。自分たちに都合の悪い歴史事象を削除、隠蔽しているのだ。彼らは真珠湾攻撃前に何が起きていたのかを描かないし、原爆投下のあと世界で何が起きたのかを描かない。かの戦争の前後を描くと、悪党は米国であったことが暴露されるからである。

　真珠湾攻撃前は、アジア、アフリカのほとんどが白人列強の植民地だった。原爆の後、その植民地はすべて消滅し、独立国家となった。ましてや、東亜六ヶ国が開戦中に日本軍によって独立を獲得し、一ヶ国が独立宣言をしていたという事実は、口が裂けても言えない。それを言うと、米国は日本が主導するアジア解放を原爆を使ってまで阻止しようとした、ナチスよりも悪逆非道な国家であることが明らかとなるからだ。かように白人は歴史の切り貼りというトリックに長けている。

歴史のトリックは時間軸を切り貼りすることであるが、白人はそれだけでは満足できずに、空間の切り貼りも行った。彼らは勝ち戦の戦場のみを切り取り、負け戦の現場を抹消した。これはもう単なるマジックやトリックではない、堂々たるイリュージョンである。そのイリュージョンに我々日本人は七十三年間も騙されてきた。そろそろ目を覚まして、イリュージョンの絡繰りを暴こうではないか。

約二十七万（フィリピン戦を含めると約七十九万）の帝国陸軍将兵は、南海の孤島で飢えと病気に苦しみながら、百十万（フィリピン戦を含めると約二百三十五万）の米軍を三年八ヶ月にわたって足止めさせ、約十四万人もの戦死者を米地上軍に与えた。そして、その間に東南アジア六ヶ国を独立させ、一ヶ国に独立を宣言させた。まったく見事と言う他ない陽動囮作戦である。人類の軍事史に残る快挙である。

7　勝敗の分岐点は広島

戦後に吹聴された戦史として、日本がいわゆる〝敗戦〟へ向かったその分岐点は、ミッドウェーでの惨敗であったとか、ガダルカナル島での惨敗であったという分析がある。この分析が捏造であることは前述した。ミッドウェーもガダルカナルも、勝敗は互角ないし、敗北したのは米軍側であるからだ。日本軍が惨敗であったというは、米国による〝勝った振りプロパガンダ詐欺〟にすぎない。第一に、敗北へと向かいはじめた大日本帝国が、なぜ東亜大陸ではその後次々と欧米植民地を独立させていったのだ。負けが込んできているのに、他国を独立させる余力などあるはずがないではないか。

日本軍は終戦（終核戦争）まで太平洋のいくつかの小さな島々を除き、ほとんどの占領地を確保していた。その占領地には六百万人以上の日本軍と軍属が布陣していた。どこが負けていたのだ。負けているなら、占領地は縮小していたはずである。この分析で明らかとなるのは、日本は終戦（終核戦争）まで負けてなどいなかったということである。そうであるなら、勝敗の分岐点はどこになるだろうか。その答えは簡単である。広島への原爆投下である。

資料調査担当の八巻康成氏が「大東亜戦争全史草案　第10編　第7章」（国会図書館アジア情報センター所蔵）の中に、広島への原爆投下こそが昭和超帝が終戦（終核戦争）を決断した根拠であることを記した資料を見出した。この資料は昭和三十一年に防衛研修所によっないことに落着き、八月八日の新聞は「広島は新型爆弾により相当の損害を受けた」旨の七日附大本営発表を掲載した。

一方、参謀本部は八月七日、第二部長有末精三中将を長とし、原子エネルギーの最高権威者仁科芳雄博士、航空本部及陸軍軍医学校の関係者数名より成る調査委員を広島に派遣した。一行は途中航空事故の為遅れ、翌八日午後漸くにして広島に到着したが、直に新型爆弾は原子爆弾に外ならないことを確認して東京に報告した。

天皇の即刻終戦意図　右調査委員の報告が東京に到着する以前に東郷外相は鈴木総理と相談の結果、ポツダム宣言の受諾方を陛下に奏上することに決めていた。

東郷外相は八日午後、宮中の地下室に於て拝謁、原子爆弾に関する

0233

敵側発表並に之に関連する事項を上奏したが、陛下よりこの種武器が使用せらるゝ以上戦争継続は愈々不可能となるにより、有利な条件を得んが為に戦争終結の時期を逸するは不可なり、条件を相談するも纏らざるに非るが成るべく速に戦争の終末を見る様努力せよとの御沙汰があり、又その旨を鈴木首相にも伝へる様命ぜられた。

仍て鈴木首相は直に最高戦争指導会議を開くことにしたが会議員の或者の都合が悪かつた為延期された。

ニ　ソ聯の参戦

驚くべき回答　一方、日本の指導者達は八月八日の真夜中（モスコー時間八日午後五時）に行はれる予定の佐藤大使とモロトフ外務人民委員との会見の結果を鶴首して待つていた。スターリンとモロトフ

0234

て作成されたもので、リファレンスコードC13071343300「原子爆弾とソ連の参戦」に次のように記載されている。

「8月8日午後東郷外相が陛下に敵側発表並びにこれに関連する事項を上奏したが、陛下よりこの種武器（原爆）が使用せらるる以上、戦争継続は悉く不可能となるにより、有利な条件を得んが為に戦争終結の時期を逸するは不可なり、条件を相談するも纏まらざるに非ざるが、成るべく速やかに戦争の終末を見るよう努力せよとのご沙汰があり、またその旨を鈴木首相にも伝えるよう命ぜられた。そこで鈴木総理はすぐさま最高戦争指導会議を開くことにしたが一部の会議員の都合がつかず会議は延期された」。

この文書を見る限り、昭和天皇が終戦を命じられたのは八月八日午後としか記しておらず、正確な時刻は不明である。しかし、宮内庁編纂

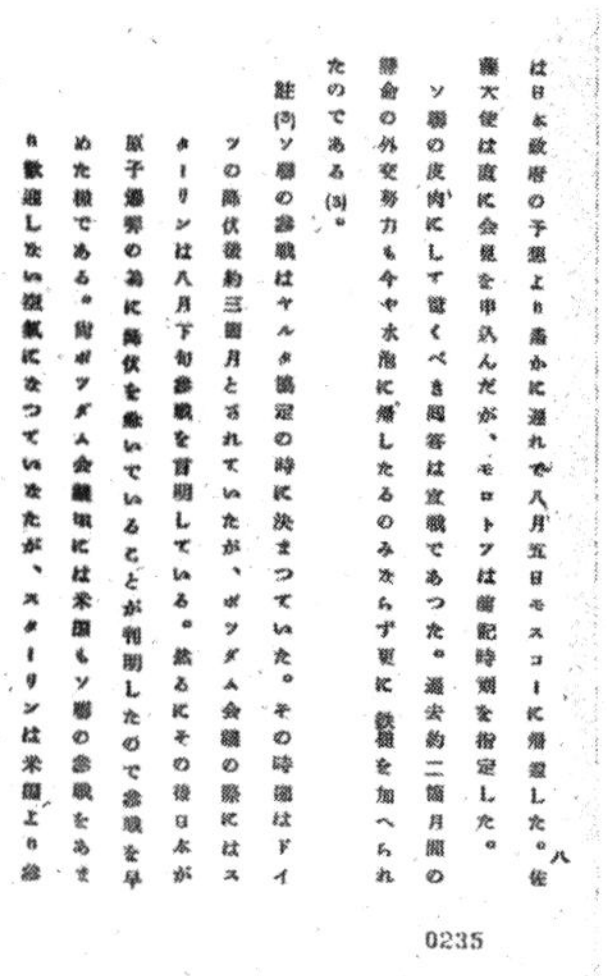
は日本政府の予想より遥かに遅れて八月五日モスコーに帰還した。八佐
藤大使は直に会見を申込んだが、モロトフは會見時刻を指定した。
ソ聯の皮肉にして驚くべき回答は宣戦であつた。過去約二箇月間の
懸命の外交努力も今や水泡に帰したるのみならず更に鉄槌を加へられ
たのである(3)。
註(3)ソ聯の参戦はヤルタ協定の時に決まつていた。その時期はドイ
ツの降伏後約三箇月とされていたが、ポツダム会議の際にはス
ターリンは八月下旬参戦を言明している。然るにその後日本が
原子爆弾の為に降伏を急いでいることが判明したので参戦を早
めた様である。尚ポツダム会議頃には米国もソ聯の参戦をあま
り歓迎しない空気になつていたが、スターリンは米国より給
0235

による『昭和天皇実録』を見ると、東郷外相が宮中へ上奏に伺ったのは午後四時四十分と記してある。この時点でソ連はまだ対日参戦を布告しておらず、陛下は八月六日の広島への原爆投下のみを根拠に終戦を命じられたことが明らかである。

強いて、いわゆる〝勝敗の分岐点〟を確定すべきと言うならば、それは昭和二十年八月六日の広島への原爆投下である。核兵器を使用された時点で昭和超帝は戦争継続を放棄なされた。継戦を放棄なされたという時点で、このご決断はいわゆる〝敗戦〟ではありえず〝終戦〟であったという結論になる。より詳述するなら、〝終戦〟ではなく〝終核戦争＝終核〟である。

米国人は核爆弾の使用によって大日本帝国を降伏せしめた。これは米国民主主義の勝利であるなどと子供のようにはしゃいでいるが、実のところ、その勝利とは、国際法に違反する核爆弾を使用するという汚点を、これ以上人類の歴史に残させぬため、あえて陛下が米国に与えた見せ掛けの勝利なのである。ボクシングの試合で例えると、相手がグローブを投げ捨てて銃を持ち出して発砲したから、昭和天皇がリングの下からタオルを投げ、試合を中止させたということになる。そうしなければ、観客まで殺してしまうからである。

8　アジアの独立は戦時中

著者は自身の著作、動画配信で何度も繰り返し「アジアの独立は戦後ではなく戦時中である」と主張してきたが、いまだに保守論壇のなかには「アジアが独立したのは戦後である」と信じ込んで論陣を張る者が存在する。そのような保守論人は保守を名乗りながらも、日教組の洗脳が解けていない。洗脳を解いてもらうため、再度ここで取り上げる。

マレーシア、シンガポール、ブルネイを除く東南アジアが独立したのは戦時中である。戦時中に駐留日本軍は、アジアの国々を独立ないし独立宣言を行わせた。その領域は東南アジアのほとんど全域と言っても過言ではない。

大東亜戦争で日本軍は中部太平洋で米軍と激戦を繰り返しながら、東南アジアでは次々に欧米植民地を独立させていった。アジアの独立は戦後ではなく戦時中に行われていたのである。「アジアは戦後に独立した」という説は、米国と日本共産党、ＮＨＫ、東大左翼歴史閥が捏造したプロパガンダである。

次に、大東亜戦争と欧米植民地の減少数に関するグラフを見ていただきたい。

これについては拙著『大東亜戦争の開戦目的は植民地解放だった』（展転社）より引用する。

まずは読者諸兄に見ていただきたいグラフがある。

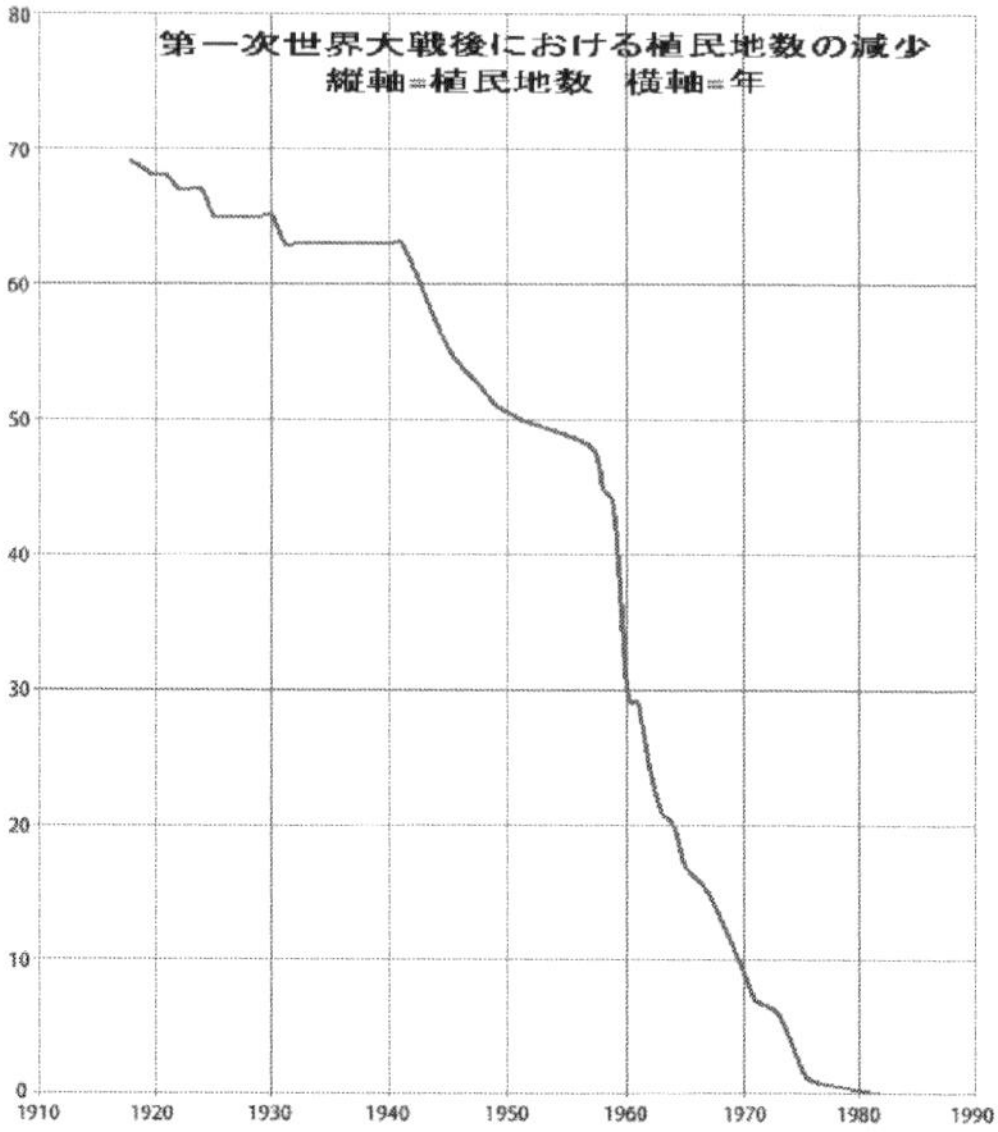

図１　第１次大戦後における欧米植民地数の減少

このグラフは第一次世界大戦末期の一九一七年以降における植民地数の増減を表している。欧米植民地数が減少するということは有色人種の独立国が増えることを意味する。

一九一七年、欧米列強は世界に六十八もの植民地を有していた。大東亜戦争開始前、すなわち一九一七年から一九四一年までの間、減少カーブは緩やかである。なぜならその二十四年にわたる期間で独立した有色人種の国はわずか六ヶ国に過ぎなかったからである。年間〇・二五ヶ国しか独立を達成していない。しかも独立とは言っても、第一次大戦後に英仏間で結ばれたサイクス・ピコ協定に従い、一旦は英仏の委任統治領とされてから独立して両国の保護国となったものがほとんどであり、真の独立とは言いがたい側面を持つ。この期間の独立国としては北イエメン（一九一七年）、アフガニスタン（一九一九年）、エジプト（一九二二年）、イラン（一九二五年）、サウジアラビア（一九三二年）、イラク（一九三二年）が

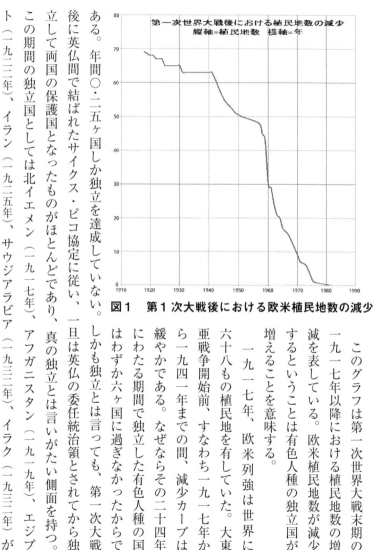

含まれる。南アフリカは一九三四年に英国から独立しているが、オーストラリア、ニュージーランド、カナダと同様にドミニオンと呼ばれる白人国家であることから有色人種独立国家から除外した。一九一七年から一九四一年までの年平均独立国家数は〇・二五にすぎなかったことをここで記憶されたい。

それでは次に大東亜戦争が開始された昭和十六年（一九四一）以降の有色人種独立状況、すなわち白人植民地の減少数について検討を加える。

大東亜戦争開始以降最初の独立国はビルマ国（現ミャンマー国）である。昭和十七年五月末に日本軍とアウンサンが主導するビルマ独立義勇軍によって英軍は放逐され、日本軍による軍政が敷かれた。翌年の昭和十八年八月一日、日本軍により軍政が解かれ、独立を宣言した。以後、日本軍が降伏する昭和二十年九月二日までにフィリピン、自由インド、カンボジア、ラオス、ベトナム、インドネシアが独立ないし独立の宣言を果たす。

日本軍によるアジア解放作戦が本格化する昭和十七年（一九四二）以降、昭和五十七年（一九八二）にブルネイが独立するまでの四十年間に六十二ヶ国が独立を果たし、同数の欧米植民地が減少した。年平均減少数は一・五五となり戦前の〇・二五に比べて六・二倍に増加している。大東亜戦争開始前の年平均独立数に比較して開戦後の独立数は六・二倍に達しているわけだが、その境界点が昭和十七―十八年（一九四二―四三）にあることは図1のグラフから明らかとなる。

図2は大東亜戦争開戦中の昭和十六年十二月八日からインドネシアが独立宣言をする昭和二十年八月十七日へ至る間の東南アジア地域における独立国数の推移を示すグラフである。横軸に日本軍駐留月数、縦軸に独立国数を示す。図中にある国名はその国が独立、ないし独立宣言をした日時を表している。図内では各国の独立順に1から8まで番号を割り振った。各番号が示す国家名と独立日時は次の通りとなる。

1　タイ王国（日本軍進駐前から独立国であった）
2　ビルマ国（現ミャンマー）昭和十八年八月一日、英国より独立、首班はバー・モウ
3　フィリピン第二共和国　昭和十八年十月十四日、米国より独立、首班はホセ・ラウレル
4　自由インド仮政府　昭和十八年十月二十一日、英国より独立、首班はチャンドラ・ボース
5　ベトナム帝国　昭和二十年三月九日、フランスより独立、首班はバオ・ダイ
6　カンボジア王国　昭和二十年三月十二日、フランスより独立、首班はノロドム・シアヌーク
7　ラオス王国　昭和二十年四月八日、フランスより独立、首班はシーサワーン・ウオン
8　インドネシア共和国、昭和二十年八月十七日、オランダからの独立を宣言、首班はスカルノ

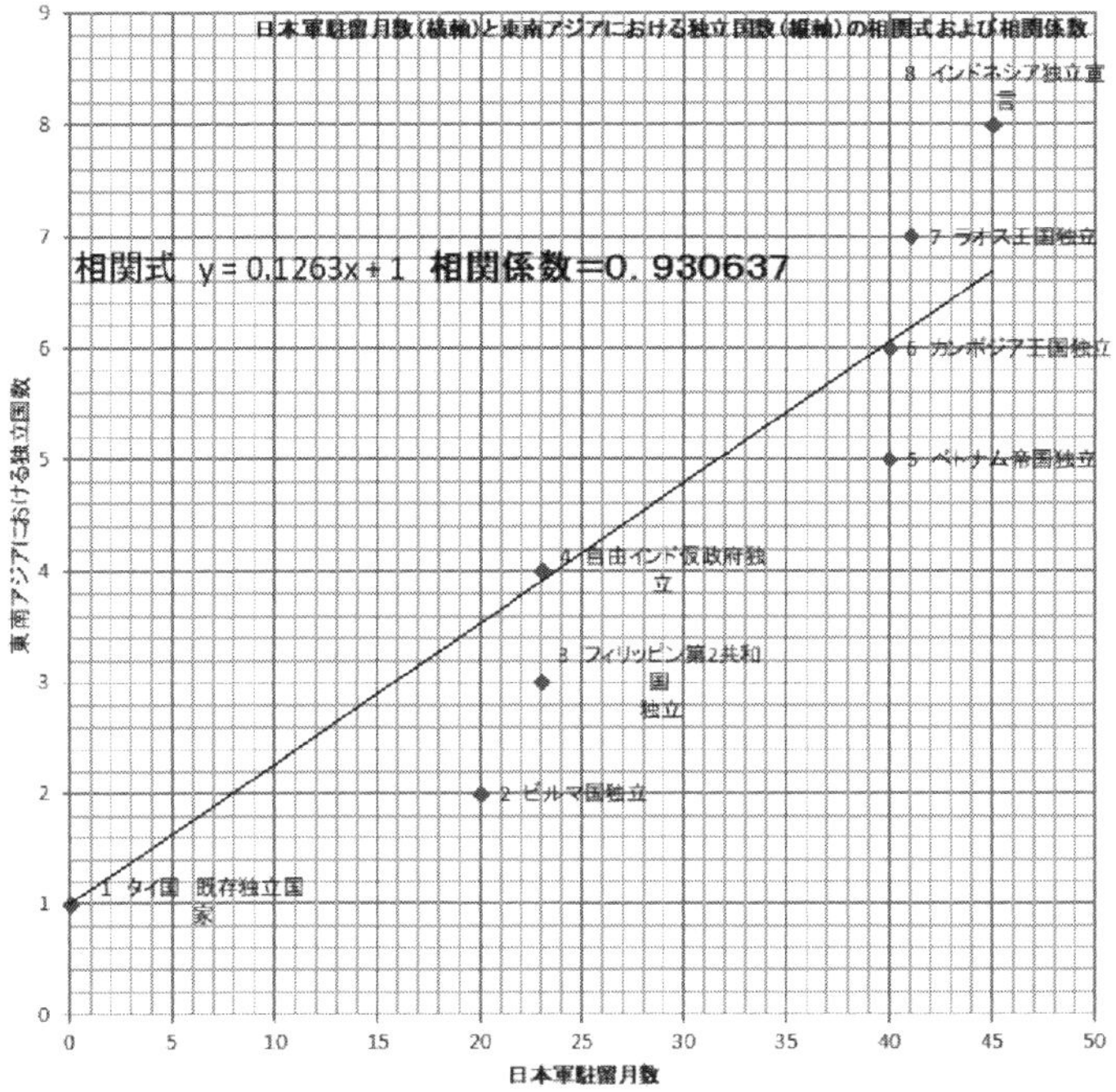

図２　アジア解放相関係数グラフ
日本軍駐留月数（横軸）と東南アジアにおける独立国数（縦軸）の相関式および相関係数

我々科学者がよく使用する変数に相関係数がある。これはAという事象とBという事象が、どの程度の関連性を持って発生するかという、その相関性を表す係数である。Aの数値が増大すれば、Bの数値も増大する、または減少する時、両者のあいだに相関性が見られるという。

相関の有無は、二つのデータ群を散布図とすることにより見当をつけることができる。客観的に判定するには二つのデータ群の相関係数をもとめて判断する。相関係数はマイナス一からプラス一の間の数値をとり、マイナス一、プラス一の時は完全相関（順に逆相関、正相関）といい、二つのデータ群に強い関連性が存在することと示し、一方、ゼロの時は無相関といい

Y ＝ 0.1263X＋1

このデータ解析により、アジア独立とは日本軍進攻なしでは実現しなかったという事実が科学的に明らかとなる。

もしも、戦後東京裁判において断罪されたように、日本軍が侵略軍であり、欧米植民地を横取りするために東南アジア地域へ侵攻したのであれば、独立国家が正比例して増加することはありえず、逆に減少するはずである。日本軍が侵略軍であったなら、唯一の独立国家であったタイ王国すら日本軍によって植民地化されたことであろう。しかし、現実は正反対であった。日本軍はアジア解放軍であり、独立支援軍として戦ったことが図2により科学的に証明された。

ここで示された二葉のグラフを以降「アジア解放グラフ（安濃ダイアグラム）」と呼称する。

9　タイ王国は緩衝地帯として植民地化を免れていたわけではない

「タイは仏領インドシナと英領ビルマとの中間に位置するため、両列強の緩衝地帯としてかろうじて独立国家として生き長らえていた」という歴史解釈が、戦後の保守論壇ではまかり通ってきた。これほどタイ王国を侮辱した話はない。まるでタイという国は「無力で無能かつ底抜けに間抜けな国家であったが、英仏白人の底深きお慈悲で生かされていた」と揶揄しているようなものである。ここにも白人優越主義に毒された日本保守論壇が見え隠れする。

タイ王国は、それ相当の軍備を有していた。そこが他のアジア諸国とは違うところだった。タイ国軍の創設は一八七四年であるから、英仏によるビルマとインドシナ半島の植民地化の時期と一致している。それゆえ、タイ国軍は自らを植民地化から守るために創設されたと考えても不思議はない。この点においても英仏植民地の緩衝体として温存されたという歴史解釈は成り立たない。アフリカでは英仏植民地が隣接して存在していた。英領スーダン、南スーダン、フランス領チャド、中央アフリカである。仲の悪い英仏両国がインドシナ半島では仲良しとは考えられない。

もしもタイ王国が他の東亜諸国のように近代兵器を持たず、斧や鉈で欧米列強に抵抗したなら、タイ国も英仏に分断され、西は英領インドに併合、東は仏領インドシナに組み込まれていたであろう。しかし、日本と同時期に軍の近代化に成功していたタイ王国を攻略することは出血も多くなるゆえ、英仏両国はタイ王国の植民地化を見送ったのである。インドシナより遠く離れ、東亜大陸の北東端に位置する日本までも植民地化しようとした英仏が善意からタイ王国の植民地化を見逃したなどというのは幻想である。

タイ国軍がどれだけの武力を有していたかを示す武力紛争があったので紹介しておく。

一九四〇年十一月二十三日、ベトナムに駐留するフランス植民地軍とタイ王国軍との間に戦端が開かれた。

以下ウィキペディアより引用する。


タイ・フランス領インドシナ紛争（タイ・フランスりょうインドシナふんそう）は1940年11月23日から1941年5月8日にかけて起きた、タイ王国とヴィシー政権下のフランス植民地軍との国境紛争である。「泰・仏印国境紛争」「インドシナ国境紛争」とも呼称される。

紛争への経緯

第二次世界大戦勃発直前の1939年8月、フランスはタイ王国に対して不可侵条約の締結を要請していた。これはフランス領インドシナ（以後、仏印）の安全を図るためであり、翌1940年6月12日にバンコクにおいて仏泰相互不可侵条約に調印した。しかし、フランスがドイツに敗れたこと、独仏休戦（1940年6月17日）前にフランスが不可侵条約を批准していなかったこと、日本軍による仏印進駐が迫っていたことなどの状況から、タイは旧領回復への行動を開始した。

97式戦闘機（キ27）
旧式機ながらタイ空軍の同機は米軍のP-38ライトニング戦闘機を撃墜している

日本製三菱九七式軽爆撃機（キ30）タイ空軍名「ナゴヤ」

タイのピブーン政権は新たに発足したフランスのヴィシー政権に対し、1893年の仏泰戦争でフランスの軍事的圧力を受けて割譲した仏印領内のメコン川西岸までのフランス保護領ラオスの領土と主権やフランス保護領カンボジアのバッタンバン・シエムリアプ両州の返還を求めたが、フランス政府はこの要求を拒否した。

日本の同盟国であるドイツによるフランス本土占領と、親独のヴィシー政権の樹立を受けて日本軍が北部仏印進駐を行ったため、日本と友好関係にあったタイにとっては日本軍が南部仏印にまで進駐してしまうと領土要求が難しくなるという懸念が生まれていた。

当時のタイ政府はあくまで強硬な姿勢を貫き、9月頃より国境付近で両軍による小競り合いが頻繁に発生するようになった。

当時のタイ王国軍の編成

開戦後の10月、タイ陸軍司令部直轄部隊の他に以下の2個軍

日本製海防戦艦トンブリ
20サンチ砲連装2基4門、コーチャン島沖海戦で沈没。同型艦にスリ・アユタヤがある

1式戦闘機隼2型
1944年、タイ空軍の同機はバンコクを空襲にきた米軍B-29を撃墜している

を編成した。

陸軍最高司令部直属
2個機械化騎兵大隊
1個砲兵大隊
1個信号大隊
1個工兵大隊
1個装甲連隊
ブラファ軍（東部軍、司令官：マンコーン・プロムヨーティー中将）5個師団
イーサーン軍（司令官：ルアン・クリアンサックピチット中将）3個師団

砲兵部隊は19世紀以来のクルップ砲（英語版）と近代的なボフォース40㎜機関砲、75㎜機関砲と榴弾砲の混成であった。戦車部隊はカーデン・ロイド豆戦車60台、ヴィッカース6トン戦車30台など合計100台を保有。

空軍は約500人のパイロットを持ち、チャンス・ヴォート（O3U—2）70機、カーチス・ホークⅢ24機、マーチンB—10爆撃機6機のほか、1940年11月までにM103「ナゴヤ」の名で購入した九七式軽爆撃機24機、九七式重爆撃機9機を含む100～150機の航空機を保有した。

海軍は二隻の海防戦艦（トンブリ、スリ・アユタヤ）、水雷艇十二隻（九隻のイタリア製トラッド級水雷艇ほか三隻）、日本製の潜水艦四隻を保有していた。

このタイ・フランス領インドシナ戦争ではコーチャン島沖海戦でタイ国海軍は訓練不足が災いしてフランス海軍に大敗したが、陸戦では負けておらず、結果的には日本が仲介役となって一九四一年和平協定である東京条約が結ばれ収束した。

タイ国軍は洋式化された近代装備を持っていた以上、英国軍も仏軍もタイ国軍と一戦を交えれば無傷ではすまなかった。それゆえタイ国は独立を保っていたのであり、英仏植民地間の緩衝地帯として温存されていたわけではない。

10　罠に嵌められているのに暗号解読成功に意味はない

帝国海軍で暗号班を率いていた幹部が月刊誌「丸」で語っていたことである。

「米軍は日本海軍の暗号を解読しており、それによって作戦に勝利したと言うことが言われているが、暗号担当者として言わせてもらうなら、解読されたことなど一度も無い。解読された痕跡など一つもなかった。解読していたなどと言うのは戦後になって米軍が捏造したプロパガンダである」。

アングロサクソンは〝暗号解読偽装〟が大好きである。〝暗号戦〟とは頭脳戦である。それゆえ敵の暗号を解読することができれば自分たちは敵より頭が良かったと自慢できるからだ。優越感に浸れるのだ。

前記の海軍士官の話に戻ろう。

米軍は暗号解読には成功していない。成功していたなら、真珠湾であれだけの被害を出すこともなかった。沈められても構わないオンボロ軍艦だけを囮に残して、貴重な空母だけを避難させていたなどというのは、戦後になって米軍と共産党、ＮＨＫ、東大左翼歴史閥が捏造した大嘘である。

開戦時に米海軍が保有していた戦艦は十七隻、うち九隻が太平洋に配備され、うち八隻が真珠湾に配備されていた。

開戦時に真珠湾に配備されていた艦艇は戦艦八隻、重巡洋艦二隻、軽巡洋艦六隻、駆逐艦三十隻、その他四十八隻であり。損害は戦艦四隻沈没、戦艦一隻座礁、戦艦三隻損傷、軽巡洋艦三隻損傷、駆逐艦三隻座礁、戦死二千三百三十四名であった。

真珠湾奇襲の結果、米海軍は保有戦艦のほぼ半数、太平洋に配備された戦艦のほぼすべてが沈没損傷したのである。暗号を事前に解読し、日本軍への囮・生け贄として差し出したにしては気前が良すぎではないだろうか。結果的に太平洋における全海軍力を差し出し、自ら壊滅させたことになる。

もしも暗号をわざと解読させることによって、敵国が囮生け贄の軍隊を差し出し、それを壊滅させることができるなら、いくらでも解読してもらおうではないか。

沈められても構わない、スクラップにするはずの戦艦をなぜ真珠湾攻撃後に引き上げて、多額の費用をかけて修理し、再使用しているのだろうか。引き上げ、修理してまで使いたい戦艦なら、最初から空母と一緒に港外へ避難させていたはずである。この事実からしても、真珠湾攻撃の暗号電文を米軍側が解読していたなどというのは戦後米国と日本共産党、NHK、東大左翼歴史閥が「米軍を強く、日本軍を間抜け」に見させるために捏っち上げた大嘘である。

日本軍の作戦暗号をすべて解読していて、なぜ数次にわたるソロモン海戦で惨敗し、稼働可能空母が全滅したのだ。なぜガダルカナル島で約一万五千名もの戦死戦傷者を出してしまったのだ。なぜ数日で落とせると見込んでいたペリリュー島（米軍損害：戦死二千三百三十六、戦傷八千四百五十、戦病二千五百以上、損失合計一万三千二百八十六）、サイパン島（戦死三千四百四十一、戦傷一万一千六百八十五、戦死戦傷合計一万五千百二十六）、硫黄島（戦死六千八百二十一、戦傷一万九千二百十七、戦死六千八百二十一、戦傷一万九千二百十七、戦死戦勝合計二万六千三十八）の占領に何ヶ月も浪費したのだ。

日本軍の作戦暗号をすべて解読しているのに、なぜこれほどの損害を出すのであろうか。暗号解読などできていなかったということである。

米軍が言うには日本軍の暗号をすべて解読していたそうだが、すべてを解読していて、太平洋の小島の争奪戦に大損害を被り、三年八ヶ月もの時間を浪費するはずがない。日本軍の暗号も外交暗号もすべて解読していたそうだが、そうであるなら日本軍によるシンガポール攻略が海上からではなく、マレー半島沿いの陸路から行われることをなぜ予知できなかったのだ。ミッドウェー作戦に関する日本海軍の暗号をすべて解読しておきながら、なぜ空母ヨークタウンが撃沈されるという失態を演じたのだ。日本海軍の暗号をすべて解読しておきながら四ヶ月後に起きた南太平洋海戦では、なぜなけなしの残存空母二隻（ホーネット、エンタープライズ）を撃沈大破させられ、空母機動部隊は全滅したのだ。

それほど暗号解読に長けていた米軍が、なぜ太平洋島嶼戦でたった二十七万の日本兵に手子摺って十四万もの戦死者を出したのだ。なぜ、いとも簡単にフィリピン植民地を独立させられたのだ。なぜ大英帝国は崩壊したのだ。理由は簡単である。暗号解読などまったくできていなかったか、できてはいても、まことに不完全なものであったということだ。

米軍は暗号解読のために初歩的な真空管式のコンピューターまでつくり、それにより暗号解読に成功したそうだが、嘘を言うな。何万本もの真空管を使い、体育館ほどの大きさがあるのに、今で言えば電卓にも遠く及ばない性能しかなく、一本の真空管が切れると、たちどころに機能停止に陥る代物で、複雑な暗号解読などできるはずなどない。アングロサクソンは〝暗号解読できたぞ詐欺〟がお好きである。しかし、すぐにばれる。

第一に、日本軍の開戦目的であったアジアの解放独立を阻止できなかった〝暗号解読技術〟など何の意義があるというのであろうか。

太平洋島嶼戦で日本軍による陽動囮作戦に引っかかっていながら、日本軍の暗号を解読することなど何の意味があるというのか。

11　日系人部隊がダッハウ強制収容所を解放

バターンでの捕虜虐待が行われていた頃、米加豪では日系人が強制収容所に収容されていた。その数は米国が十二万名、カナダ二万名、オーストラリア四千名、合計十四万四十名に上る。これらの強制収容は単に身柄だけを拘束したわけではない。全財産剝奪のうえ、女・子供・年寄り・赤ん坊、すべての日系人が収容された。収容されたのは日系人だけであり、同じく敵国であったドイツ系、イタリア系米国人は収容されなかった。日系人は有色人種であるから収容されたわけである。

白人捕虜というのは面白い人たちである。日系人に対し、このような仕打ちをしておいて、自分たちを丁重に扱えと要求してくる。まるで捕虜収容所を五つ星ホテルに改変せよとでも言うのであろうか。当時、日本兵は日系人が米国で不当な扱いを受けていることを知っている。中には親族親戚が拘束された兵隊もいたであろう。米兵捕虜への反感はいかばかりのものがあったであろうかは想像に難くない。

収容所の日系青年たちにより半ば強制的に米陸軍第４４２連隊戦闘団が開隊された。この部隊が対独戦末期にダッハウ強制収容所を解放し、ユダヤ人など囚人を解放した。この事実は平成四年になって初めて明らかとされた。

米国にとってダッハウ強制収容所の解放こそは米国の正当性を確証する出来事として記憶されていたし、ハリウッド映画では当然のこととして白人部隊がヒーローよろしく解放したことになっている。しかし、実際に解放したのは第４４２戦闘団５２２野砲兵大隊である。

５２２野砲兵大隊は、フランス戦後ドイツ国内へ侵攻、ドイツ軍との戦闘のすえにミュンヘン近郊のダッハウ強制収容所の解放を行った。しかし、日系人部隊が強制収容所を解放した事実は平成四年まで公にされることはなかった。

米国白人にすれば、米国建国以来の快挙とも言えるナチス撲滅の花形であるところの「ナチス強制収容所の解放」が、有色人種である日本人によって実行されたなどという現実を認めるわけにいかないのである。日本の歴史にたとえるなら、「日本海海戦の勝利は帝国海軍

サンタアニタの日系人強制収容所に運ばれてきた日系アメリカ人

マンザナー強制収容所内の畑で農作業に従事させられる日系人

アマチ日系人強制収容所の全景

ではなくて、それまで差別虐待していた〝猿の海軍〟によってもたらされた」などと揶揄されているのと同じことだからだ。それゆえ、頑なに白人軍にとって〝恥ずかしい出来事〟を平成四年までの四十五年間も隠蔽してきたのである。

米国白人によって、事実上の強制収容所の囚人とされた有色囚人が、ナチスに強制収容された白色囚人を解放したのである。皮肉な出来事である。

日本人は東亜においては植民地を独立させ、人種差別を廃絶させ、有色人種を解放していたが、欧州では白人を解放していた。これも高天原のご意向であったのであろう。

参考：ウィキペディアより引用

ダッハウ強制収容所（独語：Konzentrationslager Dachau）は、ドイツ・バイエルン州・ミュンヘンの北西15キロほどのところにある都市ダッハウに存在したナチス・ドイツの強制収容所である。ナチスの強制収容所の中ではオラニエンブルク強制収容所と並んで最も古い強制収容所と言われ、後に創設された多くの強制収容所のモデルとなった。「ダハウ強制収容所」と書かれる事もある。

12　B29は無敵ではなかった

これも戦後マスコミによって流布された情報である。
日本本土上空で日本軍によって撃墜、損傷を受けた米軍機（ほとんどがB29爆撃機）は米軍調査によれば、二千四百四十三機、うち千五百八十八機が高射砲によるものである。これもウィキペディアより引用する。

日本陸軍は高度1万メートルを飛行する爆撃機を迎撃可能な三式十二センチ高射砲や五式十五センチ高射砲を制式化、日本劇場や両国国技館の屋上などに設置。実際に三式十二センチ高射砲はB―29を10機以上撃墜するなど一定の戦果を挙げたが、生産数は三式十二センチ高射砲が１２０門、五式十五センチ高射砲は２門と極めて少なく、全国各都市への１００—５００機以上の編隊での無差別爆撃に対してはほとんど機能しなかった。

日本高射砲部隊の主力装備はＢ—29に対しては射高不足の八八式七センチ野戦高射砲と九九式八センチ高射砲で、当時の国民から「当たらぬ高射砲」と悪口を言われた。しかし、戦後の米軍発表の損害記録では日本上空で撃墜あるいは損傷したアメリカ軍機（主にＢ—29）のうち高射砲によるものは１５８８機で全体の65％に達しており、本土防空の主力となったのは防空戦闘隊ではなく高射砲部隊であるといえる。また、首都防空担当の高射第1師団にいた新井健之大尉（のちのレンズメーカー・タムロン社長）は「いや実際は言われているほど当たらなかったわけではない。とくに高度の低いときはかなり当たった。本当は高射砲が落としたものなのに、防空戦闘機の戦果になっているものがかなりある。いまさら言っても仕方ないが3月10日の下町大空襲のときなど、火災に照らされながら低空を飛ぶ敵機を相当数撃墜した」と発言している。

著者は平成元年一—二月にかけてアイオワ州立大学（Ames校）の航空宇宙工学科に客員研究員として在籍していたことがある。研究テーマは火星表面の砂嵐の研究であった。地下室にロケットエンジン、ジェットエンジン、レシプロエンジンが展示してあった。その中にＢ29爆撃機のプロペラが展示してあった。それはもうピカピカに輝いたアルミ合金製の立派な物であった。そのプロペラのことを担当教授に話すと、教授はＢ29には良い思い出がないという。彼の兄はＢ29のパイロットで何度も日本本土爆撃に赴き、無差別爆撃により多くの日本人民間人を殺したことを悔いていたそうである。彼の一家は敬虔な福音派キリスト教徒であった。

　自分が操縦するＢ29が日本本土に近づき、陸地が見えてくるたびに恐怖で身体が震えたそうである。高射砲弾が近辺で炸裂し、破片で機体に穴が開き、与圧が効かなくなるため急激に外気と同じ気温、気圧にまで機内環境は変化する。上空からは日本軍機が銃撃を加えてくる。特に恐ろしかったのは日本機による体当たり攻撃で、防ぎようがなかったという。出撃のたびに僚機が撃墜される。撃墜されずに陸地を離れても機体に受けた損傷のためサイパンへの帰路洋上に墜落する。未完成な状態なのに前線に投入されたＢ29は故障による損失も大きく、一機に着き十一名が搭乗するから、一度の空襲で百名以上の搭乗員が失われることもあった。機体が損傷を受けてもパラシュートで脱出することはできなかったそうである。なぜなら、地上は猛火に包まれており、操縦席にまで死体が焼ける匂いが入ってきている状況では、無事脱出できても地上で焼死するのは目に見えていたからだという。また、司令官のカーチス・ルメイ将軍は、陸地にパラシュート降下することを禁じていたそうである。なぜなら、民間人虐殺の戦犯として処刑されても文句を言えないからだと説明されていた。たとえ無事に兵舎に戻っても、主を失ったベッドに残された遺品を本国に送り返す作業が辛かったと教授の兄は語っていたそうである。

Ｂ29は約三千機が生産され、米国戦略爆撃調査団（ＵＳＳＢＳ）による調査では、作戦中に失われた機数は四百八十五機、作戦中に損傷を受けた機数は二千七百七機、戦死した搭乗員は三千四十一名に上る。この犠牲者たちは何のために戦ったのであろうか、日本本土爆撃行に命を捧げても、大日本帝国の戦争目的である大東亜の解放を阻止することはできなかった。

13　戦前の日本軍は米軍を恐れていない

既存保守論壇では「戦前の日本軍は米軍を恐れていたし、負けるとわかっていながら、あえて開戦した」という論説がまかり通っている。これもおかしな話である。

日清・日露の戦いに勝利し、支那大陸では連戦連勝、空母の数も戦艦の数も実戦経験も米軍に勝っている日本軍が、なぜ米軍を恐れる必要があるのだろうか。

恐れていたなどというのは、戦後に米軍を強く見せるために捏っち上げられたプロパガンダである。恐れ慄くほど米軍が強い軍隊であったのなら、なぜ易々とフィリピン植民地を失陥したのであろうか。

次に、この件に関して資料調査を担当してくれた八巻康成氏からのコメントと資料を紹介する。

「夢でも見ているのでしょうか？

この資料からは、アメリカに追いつめられて已むなく開戦した日本の姿が全く想像できません。日米交渉決裂を前提として、イギリスに対し援蒋ルートの閉鎖とシンガポールの降伏を要求し、アメリカにはフィリピンの即時独立承認と米軍撤退を要求し、認めないなら武力を行使すると書いてあります」

外務省外交史料館
レファレンスコード
B02032964400
昭和十六年十一月九日

日米交渉決裂ノ前後ニ於ケル対南方措置要綱（案）（南洋局）
一、日米交渉決裂前ノ措置
（イ）日米交渉ト並行シテ交渉決裂後ニ於ケル英、米、蘭相手ノ全面戦ヲ想定シ軍ニ於テ之ニ必要ナル準備ヲ行フ
（ロ）日米交渉決裂ノ直前「タイ」ニ対シ攻守同盟ノ交渉ヲ開始ス

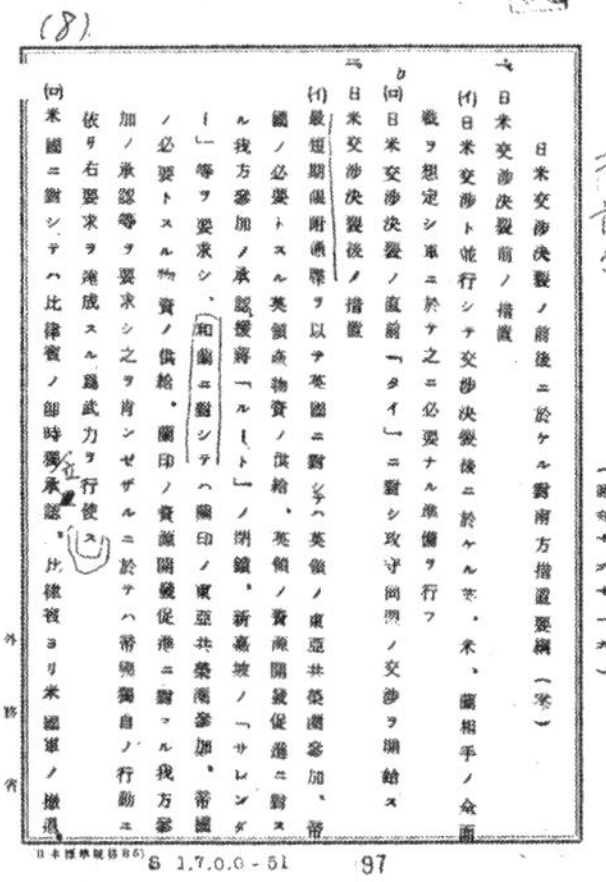

日米交渉決裂ノ前後ニ於ケル對南方措置要綱（案）

（昭和十六、十、一九）

一、日米交渉決裂前ノ措置

(イ)日米交渉ト並行シテ交渉決裂後ニ於ケル英、米、蘭相手ノ全面戰ヲ想定シ軍ニ於テ之ニ必要ナル準備ヲ行フ

(ロ)日米交渉決裂ノ直前「タイ」ニ對シ攻守同盟ノ交渉ヲ開始ス

二、日米交渉決裂後ノ措置

(イ)最短期限附通牒ヲ以テ英國ニ對シテハ英領ノ東亜共榮圏參加、帝國ノ必要トスル英領產物資ノ供給、英領ノ資源開發促進ニ對スル我方參加ノ承認、援蔣「ルート」ノ閉鎖、新嘉坡ノ「サレンダー」等ヲ要求シ、和蘭ニ對シテハ蘭印ノ東亜共榮圏參加、帝國ノ必要トスル物資ノ供給、蘭印ノ資源開發促進ニ對スル我方參加ノ承認等ヲ要求シ之ヲ肯ンゼザルニ於テハ帝國獨自ノ行動ニ依リ右要求ヲ達成スル爲武力ヲ行使ス

(ロ)米國ニ對シテハ比律賓ノ即時獨立承認、比律賓ヨリ米國軍ノ撤退

外務省

日本標準規格B5　S 1.7.0.0-51　97

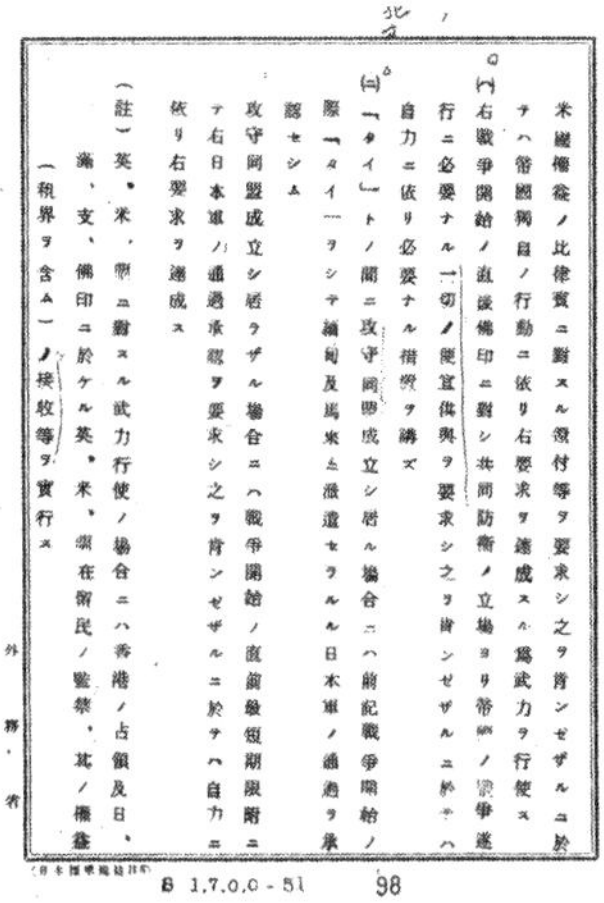

米國權益ノ比律賓ニ對スル還付等ヲ要求シ之ヲ肯ンゼザルニ於テハ帝國獨自ノ行動ニ依リ右要求ヲ達成スル爲武力ヲ行使ス

(ハ)右戰爭開始ノ直後佛印ニ對シ共同防衛ノ立場ヨリ帝國ノ戰爭遂行ニ必要ナル一切ノ便宜供與ヲ要求シ之ヲ肯ンゼザルニ於テハ自力ニ依リ必要ナル措置ヲ講ズ

(ニ)「タイ」トノ間ニ攻守同盟成立シ居ル場合ニハ前紀戰爭開始ノ際「タイ」ヲシテ緬甸及馬來ニ派遣セラルル日本軍ノ通過ヲ承認セシム

攻守同盟成立シ居ラザル場合ニハ戰爭開始ノ直前最短期限附ニテ右日本軍ノ通過承認ヲ要求シ之ヲ肯ンゼザルニ於テハ自力ニ依リ右要求ヲ達成ス

（註）英、米、蘭ニ對スル武力行使ノ場合ニハ香港ノ占領及日、滿、支、佛印ニ於ケル英、米、蘭在留民ノ監禁、其ノ權益（租界ヲ含ム）ノ接收等ヲ實行ス

外務省

日本標準規格B5　S 1.7.0.0-51　98

二、日米交渉決裂後ノ措置

（イ）最短期限附通牒ヲ以テ英国ニ対シテハ英領ノ東亜共栄圏参加、帝国ノ必要トスル英領産物資ノ供給、英領ノ資源開発促進ニ対スル我方参加ノ承認、援蒋「ルート」ノ閉鎖、新嘉坡ノ「サレンダー」等ヲ要求シ、和蘭ニ対シテハ蘭印ノ東亜共栄圏参加、帝国ノ必要トスル物資ノ供給、蘭印ノ資源開発促進ニ対スル我方参加等ヲ要求シ之ヲ肯ンゼザルニ於イテハ（がえんずる→承認しない）帝国独自ノ行動ニ依リ右要求ヲ達成スル為武力ヲ行使ス

（ロ）米国ニ対シテハ比律賓ノ即時独立承認、比律賓ヨリ米国軍ノ撤退米国権益ノ比律賓ニ対スル還付ヲ要求シ之ヲ肯ンゼザルニ於テハ帝国独自ノ行動ニ依リ右要求ヲ達成スル為武力ヲ行使ス

（ハ）右戦争開始ノ直後仏印ニ対シ共同防衛ノ立場ヨリ帝国ノ戦争遂行ニ必要ナル一切ノ便宜供与ヲ要求シ之ヲ肯ンゼザルニ於テハ自力ニ依リ必要ナル措置ヲ講ズ

（ニ）「タイ」トノ間ニ攻守同盟成立シ居ル場合ニハ前記戦争開始ノ際「タイ」ヲシテ緬甸馬来ニ派遣セラレル日本軍ノ通過ヲ承認セシム

攻守同盟成立シ居ラザル場合ニハ戦争開始ノ直前最短期限附ニテ右日本軍ノ通過承認ヲ要求シ之ヲ肯ンゼザルニ於テハ自力ニ依リ右要求ヲ達成ス

（註）英、米、蘭ニ対スル武力行使ノ場合ニハ香港ノ占領及日満、支、仏印、ニ於ケル英、米蘭在留民ノ監禁、其ノ権益（疎開ヲ含ム）ノ接収等ヲ実行ス

この文書で南洋局の担当官は次のように述べている。

「日米交渉が決裂に終わった場合、英国に対しては援蔣ルートの閉鎖とシンガポール要塞の降伏を要求し、米国に対してはフィリピンの即時独立と国家承認、米権益の新生フィリピンへの返還、オランダに対してはインドネシアの資源の対日供給を要求し、これを受け入れられないのであれば、武力によって実現する」。

これらの文言を見る限り、日本軍がことのほか米英蘭を恐れていたとは考えられないし、日米会談決裂後、歴史は上記の如く寸分違わず推移した。日本軍は有言実行だったわけであ

る。

日本軍が米軍を恐れていたなどという言論は、戦後になって米軍を強く見せるために捏っち上げられたプロパガンダであり、日本人の誇りを毀損し自信を喪失させるために捏造された妄想である。

14　昭和の日本は軍国主義の国だったという捏造

日本は鎌倉時代から七百年以上にわたって武家政治という名の軍国主義国家だった。昭和にはじまったなどという未熟な新参軍国主義者ではない。筋金入りなのだ。軍国主義とは我が国の文化そのものである。民族固有の文化を馬鹿にするのもいい加減にせよ。

米国建国の何百年も前から、わが国は軍国主義の国だった。何が悪い！

浅く短い歴史か有しない偽善民主主義の米国よりも、長い歴史を有する軍国主義国家の方が国家としての価値は高い。なぜなら、長期にわたって国民に安定を与えてきたからだ。わが国の〝武家政治＝軍国主義〟こそが長期にわたる安定した歴史、すなわち〝歴史維持力〟を作り上げたのである。人類史上最古の歴史を有する日本国を〝軍国主義〟の国だったなどと罵ることは人類に対する冒涜以外の何物でもない。

大日本帝国が〝軍国主義〟の国であったと蔑むならば、アメリカ合衆国と英国は何の国だったのであろうか。その答えは簡単である。〝先住民虐殺・奴隷虐待・植民地主義・人種差別・白人優越主義・侵略主義の国〟である。米英は軍国主義以下の屑国家であったということだ。

軍国主義日本が〝米英屑国家〟を打ち破り、人類を〝先住民虐殺・奴隷虐待・植民地主義・人種差別・白人優越主義・侵略主義〟から救済したというのが歴史的事実である。この歴史結果は誰も否定できないであろう。そうであるならば、日本軍国主義の方が似非民主主義国家よりも人類に貢献したことになる。

15　沖縄戦で敗北したのは米軍

我々日本人が米国、沖縄県、共産党、日教組、ＮＨＫ、左翼新聞、東大左翼歴史閥から聞かされてきた沖縄戦の実態は次の通りである。

日本軍は沖縄で作戦を間違え、住民を巻き込み、無駄死ににすぎない神風特攻を繰り出し、制海権、制空権を米軍に奪われ、卑怯にも住民を楯につかって生き残りを図り、住民に自決を強要した愚劣極まりない弱軍であった。

さて、そんな弱軍であった日本軍が米軍に対し、次に示す甚大なる被害を与えていたことをどう説明するのであろうか。

沖縄戦での米軍側損害：
人的損害
総死者：２０１９５人（内戦死者１２５２０人～１４００６人）
戦傷者：５５１６２人
戦闘外傷病者：２６２１１人
合計：１０１５６８人
物的損害
駆逐艦　16
その他艦艇　20
海軍艦艇　３６８損傷
航空機　７６８機
戦車　２７２輛（陸軍２２１輛　海兵隊51輛）

日本側損害：
人的損害
県外出身者死者・行方不明者　６５９０８人
沖縄県出身軍人軍属死者・行方不明者　２８２２８人

合計　９４１３６人
民間人死者（米軍戦争犯罪）９４０００人
物的損害
戦艦1
軽巡洋艦1
駆逐艦5
特攻機１８９５機
その他航空機１１１２機
戦車27輌（ウィキペディアより）

データは嘘をつかない。米軍が受けた損害は日本軍側を遥かに上回っている。

制空権を確保していたそうだが、なぜ航空機を七百六十八機も喪失しているのだろうか。実態は制空権の確保などできていなかったということである。制空権を確保していないから、特攻機に侵入され、四百四隻もの海軍艦艇が沈没損傷しているのである。

十分な対戦車兵器を持たない日本軍にどうすれば二百七十二輌もの戦車が擱座炎上させられるのだろうか。沖縄本島を完全包囲しており、日本軍への補給を断っているはずなのに、なぜここまで大損害を出しているのであろうか。実情は弱軍だったのは日本軍ではなく米軍だったということである。沖縄戦が〝米軍の飛び石作戦〟を止めた。これだけの損害を出せば九州どころか朝鮮半島、台湾への上陸も不可能である。

沖縄戦に参加した米海軍第五十八任務部隊は空母総数は正規空母（搭載機数九十―百）八隻、巡洋艦改造空母（搭載機数二十五―三十）八―十隻であり、各空母の搭載機数を合わせると約千二百機ほどとなる。沖縄戦に参加した航空機のほとんどは空母艦載機であったから損失機の補充が行われたとしても、米海軍は相当な被害を被ったと考えるべきである。投入された戦車は五百輌であったから、投入戦車の半数以上が破壊されたことになる。ようするに戦に勝ってなどいないのである。

いくら沖縄を占領しても、占領する過程での人的物的損失が大きく、以後の作戦追行が不可能となった場合、それを勝利と言うべきなのかどうか甚だ疑問が残るところである。沖縄戦以降、米軍の北上はピタリと止まったままであった。

十一月に予定した日本本土上陸作戦も立案しただけで、具体的準備には取りかかれないでいた。あえて準備したものがあると言えば、上陸作戦で発生するであろう五十万の戦死戦傷者へ授ける予定の〝パープルハート勲章〟を新たに発注したことぐらいである。

日本本土上陸では一万機以上の航空特攻、数千艘の水上水中特攻が予想された。

日本軍以上の戦死・戦傷・戦病者を出し、空母搭載可能機数の六割を喪失し、四百隻以上の艦艇が沈没損傷し、陸揚げした戦車の五十四パーセントを破壊されて、どのようにして九州上陸作戦を敢行するのであろうか。

人口がたった五十万かつ本土日本人に較べて必ずしも士気が高いとはいえない沖縄県民を相手に上記の損害を発生させたならば、人口一千万人以上で、武士道の元祖とも言うべき住民しか住まない九州に上陸すれば、数十倍の損害が発生することは明らかであった。

沖縄戦で米軍は島を占領することには成功したが、あまりに損害が大きく、手足をもがれた〝ダルマさん〟のような軍隊になってしまった。あとは沖縄に居座るだけであった。

沖縄戦で〝ダルマさん〟にされた米軍は勝者ではなく敗者である。ダルマにされた軍隊に「勝ったのは自分たちだ」と言われても、迫力に欠けること甚だしいわけであるが、それでも米軍という特殊な軍隊は「勝った振り詐欺」を演じたいのである。

第四章

大日本帝国こそ大なる特攻隊だった

1　大日本帝国建国の目的は白人帝国主義の打倒

一八六二年—一八六四年にかけて、白人帝国主義国家と薩摩藩、長州藩は戦火を交えた。いわゆる尊皇攘夷の行動である。日本人による白人帝国主義との戦いはこのときにはじまった。明治維新は白人植民地主義からの自存自衛を目的として断行されたのである。戊辰戦争は内戦ではあったが、欧米列強による日本の植民地化を防ぐための幕府と薩長土肥による主導権争いだったということである。維新によってつくられた大日本帝国陸海軍はその誕生から して、白人帝国主義打倒を目的としていたということだ。

明治十四年に「玄洋社」が博多に設立された。この結社の目的はアジアの解放と西欧からの自立であり、いわゆる「大アジア主義——アジア人によるアジアの経営」の実現であった。玄洋社には当時の有力なる政財界人が結集し、後の総理となった犬養毅とも交流があった。

日清日露の戦争も朝鮮半島を独立させ、西欧列強による植民地化から守るための対白人帝国主義戦争だった。白人帝国主義と戦うということは、植民地解放戦争であることを意味する。

白人帝国主義は大日本帝国に対して三国干渉、ワシントン軍縮条約、国際連盟において日本が提案した人種差別撤廃条項の否決、米国における日系人弾圧、日系移民の禁止などによって、日本に対するさまざまな人種差別行為を行っていた。

昭和三年、満洲にて中ソ紛争が勃発した。蔣介石軍の現地司令官である張学良がソ連が合法的に経営していた東清鉄道の横取りを図ったことに反発して、ソ連軍がソ満国境を越えて満洲になだれ込んできた。

張学良軍は敗北し、満洲北部がソ連に占領され、日露戦争以来日本が持つ満洲権益すら危機に瀕することになった。そこで、関東軍は満洲を独立させることにより、対ソ防波堤とすることにした。それはちょうど清国の崩壊により行き場を失っていた満洲族にとっても歓迎すべきことであった。三年後の昭和六年に満洲国が建国され、シナ大陸で初めての近代国家が誕生した。

この満洲国独立は、白人帝国主義国家に大きな脅威を与えた。有色人種が有色人種の国家を独立させたからである。大日本帝国は東南アジアの白人植民地も独立させるのではないかという疑念が欧米列強に生じた。そして、その疑念は十年後の昭和十六年十二月に現実のものとなる。

米英は蔣介石をたぶらかして、日本が清国から合法的に得ていた権益の横取りを図っていた。蔣介石軍に現地に駐留する日本軍を攻撃させ、軍事紛争に引き摺り込み、日本を疲弊させて撤退させるつもりだったのである。日本軍が去った後は日本が有していた利権、できることなら満洲までもいただこうと画策していた。

昭和十二年七月七日、北京郊外で盧溝橋事件が発生し、支那事変が勃発した。日本側は拡大を恐れて沈静化に努めたが、米英独の後ろ盾を持つ蔣介石は上海にある日本人居住区を砲爆撃、通州における日本人虐殺などの挑発を繰り返したため、日本はやむなく全面戦争へ突入せざるを得なくなった。

支那事変勃発から一年後の昭和十三年六月、帝国陸軍参謀本部作戦部作戦課長の稲田正純陸軍大佐は前述した機密文書にて以下の提案を関係各省に提示している。

「今次事変は満洲事変の収束を意味すると同時に、東亜解放の序幕戦とするべき性格を有するものである」。

蔣介石による日本軍への挑発は長州奇兵隊開隊以来の念願であった大アジア主義実現への口実を与えることとなり、以後帝国陸軍はアジア解放の口実とするため支那事変を意図的に拡大深入りしていった。

昭和十六年十二月八日、帝国陸軍はマレー上陸作戦を敢行し、武力による東亜解放に乗り出した。

昭和十八年八月一日、ビルマ国が独立を宣言。枢軸国はただちに国家承認。十月にはフィリピン第二共和国、自由インド仮政府が独立。昭和二十年三月にはベトナム帝国、カンボジア王国、ラオス王国が独立し、援蔣ルートは昭和二十年一月に新たに開設されたアッサムルートを除いて遮断された。

〝疑似戦勝国〟である米国と、共産党、ＮＨＫ、東大左翼歴史閥は日本軍の東南アジア侵攻は侵略であり、欧米植民地の横取りを狙ったものであると主張しているが、もしもそれが本当であるなら、日本軍は欧米植民地を横取りし、唯一の独立国であったタイ王国までも植民地としたことを証明しなくてはならない。しかし、それは不可能である。歴史はそのようには動かなかったからだ。

昭和二十年八月八日午後四時四十五分（ソ連の参戦前）、昭和天皇は広島の惨状をお聴きになられ、東郷外務大臣に対しポツダム宣言の受諾を命じた。

「このような残虐なる兵器を使用する戦が継続されるなら、日本人のみならず全人類文明が破却する」と終戦の詔書に書き、また「今次大戦は東亜解放戦争であった」とも書かれた。以後、核戦争は行われていない。

まだ本土決戦もせず、占領地のほとんどを占領しているにも関わらず、支那、満洲、東南アジアに六百万以上の日本軍（軍属を含む）が布陣しているにも関わらず、終戦を決められたのは核戦争から人類を救うためである。

天皇が終核戦争＝終戦を命じられたとき、米海軍は神風攻撃により四百隻の戦闘艦艇が戦闘不能に陥り、一万九千人の熟練水兵が戦死戦傷し、日本本土上陸に必要とされる十分な海軍機能を失っていた。

大東亜戦争は稲田正純陸軍大佐（終戦時は陸軍中将）の陰謀通りに推移し、大英帝国は崩壊し、蔣介石政権は台湾へ逃亡、米国はフィリピン植民地を喪失したうえ、原爆投下の汚名を国史に刻んだ。

戦後、米国が「大東亜戦争」という呼称を「太平洋戦争」に変えさせた理由は、米軍にとっての勝ち戦は太平洋島嶼戦しか存在しなかったからである。東亜大陸での米英支軍は惨敗しただけだった。ハリウッド映画が勝ち戦しか映画化しないのと同じ理由からである。

日本陸軍にとって太平洋島嶼戦は、米軍を大陸に上陸させないための囮作戦だった。それゆえ、七百万の総兵力のうちたった二十七万しか布陣させなかったのである。米軍がガダルカナルで「勝った勝った」とはしゃいでいた昭和十八年八月から十月にかけてはビルマ、フィリピン、自由インド仮政府が独立を果たしていた。

米国が硫黄島で「勝った勝った」とはしゃいでいた昭和二十年三月、インドシナ半島では日本軍の協力によりベトナム、ラオス、カンボジア（インドシナ三国）がフランスから独立を果たしていた。

大東亜共栄圏はアジア各国の独立によって事実上確立し、戦時中に独立したアジア各国は、戦後になると日本が必要とする資源を供給し、日本製品を購入してくれた。戦後の高度経済成長は大東亜戦争によって中東を含むアジア各国が独立したことで確約されたのである。

明治維新によって誕生した大日本帝国は、その使命である有色人種解放を成し遂げると、核戦争防止のために自らを散らせたということなのである。まさに見事な桜花であった。

大日本帝国という桜の大樹は、アジア全域にあまねく桜吹雪を吹き散らし、わが皇軍兵士は吹き流される一輪の花びらとして東亜の大地に身を散らした。大日本帝国という桜花は東亜解放という建国目的を達成すると、自らその存在を消滅せしめた。大日本帝国こそ武士の誉であった。

あとがき

米国白人の得意種目は〝勝った振り〟である。米国白人はヒーローになることが大好きである。そのためには〝勝った振り〟も〝良い振り〟も厭わない。この国民性に加えて、建国の国是である〝デモクラシー〟を全うするため、政治家は常に選挙という洗礼を受けなければならない。当選するためには、負けた戦でも勝った戦にしなくてはならないのである。ましてや、大統領選挙に打って出ようなどという野心を抱いている軍人は、戦いに勝った〝凱旋将軍〟でなくてはならない。〝敵前逃亡犯〟のままでは選挙に勝てない。マッカーサーのことである。

ダグラス・マッカーサー連合国軍最高司令官は、フィリピン戦の最中の昭和十七年二月二十日、十五万余の友軍を見捨ててコレヒドール島から敵前逃亡した。これでは戦後米国大統領選で勝利するどころか、立候補すらままならない。そこでマッカーサーは演出を考えついた。「まさか、まさか、のマッカーサー」の由来である。

まずは「あの逃亡は〝敵前逃亡〟ではなく、大統領命令で仕方なく異動した〝ただの転勤〟であった」ことにした。その上でさらに、日米両国民からはあたかも自分は〝極東における絶対的支配者〟であるかのように演出した。それが東京裁判であり、ＷＧＩＰであり、共産党の合法化であり、公職追放であり、マスコミの隷属化である。

マッカーサーは駐留米軍の司令官として、あたかも王侯のように振るまい、それを土産にして大統領選挙に打って出る算段であった。しかし、結果は予備選挙で敗退し、大統領のへの夢は潰えた。〝敵前逃亡犯〟という前科前歴を覆い隠すことはできなかったからだ。

戦後日本の最大の問題点とは、いとも簡単に武装解除に応じてしまい、武装抵抗軍を残留させなかったことである。

終戦時、日本国内における戦闘可能兵員数は陸軍軍人および軍属約三百十五万人、海軍軍人および軍属 約百五十万人、特殊警備隊の兵員約二十五万人、国民義勇戦闘隊約二千八百万人で合計三千二百九十万人である。それゆえ、進駐してきたマッカーサーと米軍を人質に捕ることなど、さほど難しいことではなかった。実際、武装解除を誤魔化して、武器と装備を秘匿し、進駐軍が駐屯したら一斉に蜂起し、米兵を人質捕虜として各都市に配置すれば、米国自慢の核兵器も使用不能となったであろうし、米国は和平を提案して人質を取り返すしか方法はなかったであろう。また、実際に蜂起しなくても、例えば数百万の日本人ゲリラが、後のベトコンのように、都市部、農村地帯や山岳地帯に潜んで、陛下のご命令のもと一斉に武装蜂起するかもしれないという状況に置かれれば、憲法改正を要求したり、教育制度を改変したり、共産主義者を野放しにしたり、東京裁判を捏造したりという、ＧＨＱが戦後に行った横暴は防げたはずである。元日本兵が一斉蜂起すれば、米進駐軍など易々と人質に捕られたであろう。馬鹿正直に武装解除に応じるという行為は、東南アジアや中東ではあり得ない光景である。

昭和超帝は、終戦＝終核戦の詔書で、国民に進駐軍への抵抗を禁じたが、陛下には内緒で武装ゲリラを保持させる有能なる策士が必要であったと著者は考える。

天皇が一言「マッカーサーを捕らえよ」と命じれば、日本人は何百万の犠牲を払ってもマッカーサーを捕らえたであろう。そのことを一番よくわかっていたのはマッカーサー本人である。それゆえマッカーサーは、天皇陛下を恐れていたのである。

あたかも王侯の如きマッカーサーの振る舞いは、昭和超帝という〝お釈迦様〟の掌で遊ばされている孫悟空の如き存在であったということである。

米国特有の〝勝った振り、強がり詐欺〟は、国家としての歴史の残薄さにも起因している。新生国家は国家理念の正当性を主張しなくては国が保《も》たない。それゆえ、国の指導者は国民に愛国心を煽ると同時に「負けた戦を勝った戦だった」と偽り、国民を騙す。マッカーサーはその典型的米国白人の一人である。

米国という新興理念国家は「負けた戦を勝った戦だった」と偽り〝勝った振り、強がり詐欺〟を働かなくては国を保てないという宿命を負っている。

旧大陸から〝半グレの家出少年少女〟が新大陸に移り住み、つくり上げたのがアメリカ合衆国である。常に脆さを内包している。この点を日本人は理解しなくてはならない。

我々日本人は二千六百年もの間〝勝った振り、強がり詐欺〟をせずに、國體を維持してきた。それゆえ、〝勝った振り、強がり詐欺〟を働く国は存在しないと思い込んでいる。自分たちがそうでないからだ。そこに隙が生じる。〝勝った振り、強がり詐欺〟をされると、それを真実であると思い込み、簡単に騙されてしまうのである。

日本人は「戦争に負けていたくせに、勝ってた振りをする」ような浅ましい国などあるはずがないと思い込んでいるわけであるが、アメリカ合衆国こそ、まさにその賤しく、浅ましく、卑怯な国なのである。歴史が浅すぎて、汚い手を使わなくては国が保たないという宿命を背負う〝憐れな国〟なのである。隣国ではなく〝憐国〟であるということだ。

大東亜戦争は、米国にとって史上最大の戦争であった。それゆえ、〝勝った振り、強がり詐欺〟を駆使しなくてはならなかった。建国史上最大の国難に「負けた」となっては、国家理念が揺らぐわけである。米国の歴史維持力はまだ二百四十年であり、歴史維持力という国力ではわが国の十分の一しか保持していない。

日本人は、アメリカ合衆国のこの宿命をよく理解した上で、大東亜戦争の意義を分析しなくてはならない。それが日米双方のためにも必要なことなのである。

安濃豊（あんのう　ゆたか）

昭和26年12月8日札幌生れ。北海道大学農学部農業工学科卒業。

農学博士（昭和61年、北大農学部より学位授与、博士論文はSNOWDRIFT MODELING AND ITS APPLICATION TO AGRICULTURE「農業施設の防雪風洞模型実験」)。

総理府（現内閣府）技官として北海道開発庁（現国土交通省）に任官。

昭和60年、米国陸軍寒地理工学研究所研究員、ニューハンプシャー州立大学土木工学科研究員。平成元年、アイオワ州立大学（Ames）航空宇宙工学科客員研究員（研究テーマは「火星表面における砂嵐の研究」)、米国土木工学会吹雪研究委員会委員。平成6年、NPO法人宗谷海峡に橋を架ける会代表。平成12年、ラヂオノスタルジア代表取締役、評論家、雪氷学者、ラジオパーソナリティー。

主な著書に『大東亜戦争の開戦目的は植民地解放だった』『絶滅危惧種だった大韓帝国』『日本人を赤く染めた共産党と日教組の歴史観を糾す』『哀愁のニューイングランド』（いずれも展転社）がある。安濃が世界で初めて発明した吹雪吹溜風洞は国内では東京ドーム、札幌ドームの屋根雪対策、南極昭和基地の防雪設計、道路ダム空港など土木構造物の防雪設計に、米国では空港基地、南極基地の防雪設計、軍用車両・航空機の着雪着氷防止、吹雪地帯での誘導兵器研究に使用されている。

アジアを解放した大東亜戦争
大日本帝国戦勝解放論

令和二年二月二十八日　第一刷発行

著　者　安濃　豊
発行人　荒岩　宏奨
発　行　展　転　社

〒101-0051　東京都千代田区神田神保町2-46-402
TEL　〇三（五三一四）九四七〇
FAX　〇三（五三一四）九四八〇
振替〇〇一四〇―六―七九九九二
印刷　中央精版印刷

ISBN978-4-88656-497-9